国际展望丛书

自主知识体系建构及其途径

国际问题研究的思考和探索

杨洁勉 / 著

Building Up Independent Intellectual System

Deliberation and Exploration

格致出版社　上海人民出版社

丛书总序

2018 年是非常独特的一年，它是第一次世界大战结束 100 周年，是 2008 年国际金融危机和世界经济危机爆发 10 周年，同时也是中国开启改革开放进程 40 周年。我们站在这个特殊的历史时点上抚今思昔，放眼未来，更深切地感受到世界正经历百年未有之大变局。世界政治经济中融合的力量和分化的力量此起彼伏、相互激荡，世界正进入不稳定和不确定加剧的新时期。国际秩序何去何从是摆在我们面前的时代之问和时代之困。其中，当前世界格局调整中的三个趋势最为显著，也最具破坏性。

第一，大国之间的战略不稳定正在加剧。一方面，美国与中国、俄罗斯之间的地缘政治竞争进一步加深。美国特朗普政府加大与俄罗斯在欧洲、中东等地区以及核导军控等领域的战略博弈，甚至局部达到冷战结束以来最严峻的状态。美国对华政策也发生了重大调整，首次明确将中国定位为美国主要的战略竞争对手。特别是 2018 年 10 月 4 日美国副总统彭斯所发表的美国对华政策演讲，通篇充斥着类似 40 年前冷战高峰时期美国前总统里根对苏联的指责，令许多中国人震惊和困惑。人们不禁要问：美国难道已决意要对中国实施全面遏制？世界是否将因此而被拉进一场新的冷战？

另一方面，除了华盛顿同北京和莫斯科之间的关系愈加紧张外，近年来大西洋关系也因为在诸如伊朗核协议、北约军费分担、全球气候变化等议题上龃龉不断而备受冲击，尽管尚未危及大西洋联盟的根本，但双方疏离感明显增加。大国关系历来是国际格局的基石，大国关系的不稳定和不确定正深刻影响着未来国际格局和国际秩序的走向。

第二，基于多边主义的全球治理正遭遇"失能和失势"的危机。以规则、协商和平等原则为基础的多边主义及全球治理机制运行正遭遇前所未有的挑战。2018 年初以来，美国对其主要贸易伙伴，包括中国和它的一些传统盟友发起关税战，全世界的目光都聚焦于不断升级的国际贸易冲突。美国特朗普政府坚持所谓"美国优先"原则，为获取美国利益的最大化，几乎肆无忌惮地对贸易伙伴采取包括关税战在内的霸凌政策，甚少顾及这些单边主义和保护主义的做法对国际贸易体制和全球供应链稳定的破坏。随着贸易保护主义和国际贸易摩擦的不断升级，以世界贸易组织为核心的，基于开放、规则的国际多边贸易体系的完整性受到空前挑战，世界贸易组织自身也逼近"何去何从"的临界点。与此同时，自从特朗普政府宣布美国退出《巴黎协定》后，全球气候治理机制的有效运行也面临严重阻碍。冷战结束以来，基于多边主义的规则和机制已经成为国际秩序稳定的重要基石，也是国际社会的共识。美国曾是现有国际秩序的重要建设者和维护者，如今正日益成为影响国际秩序的最大的不稳定力量。

第三，认同政治的浪潮正扑面而来。在经济全球化席卷世界多年后，许多发达国家和发展中国家中重新勃兴的民粹主义、保护主义和本土主义思潮和运动都带有不同程度的反全球化和反全球主义的认同意识，正深刻影响政府的决策和行为。这些反全球化和反全球主义指向的思潮和运动，都与当前世界经济以及各国国内经济社会演进过程中存在的发展赤字、治理赤字、改革赤字密切相关。在一些欧美发达国家，这些思潮和认同政治的发展已经演变成一种新的族群主义（neo-tribalism）认同的泛滥，其突出的政治理念是排斥外来移民、戒惧国际贸易、敌视所谓"外来者"对"自我"生活方式和价值观念的冲击，包括外来的物流、人流以及思想流。这种认同政治的强化不仅进一步加深了这些国家社会内部的分裂和政治极化的态势，还外溢到国际经济、国际政治和外交领域里，加剧了世界政治中所谓"我们"与"他者"之间的身份认同的对立。

综合上述三大趋势，我们不禁要问：当今世界是否将不可避免地走向大分化？如何有效管理国际秩序演变过程中融合的力量和分化的力量之间的张力？国际社会的各利益攸关方能否通过集体努力来共同遏制这种紧张的加剧甚至失控？对上述问题恐怕没有简单和既成的答案。但有一点是肯定的，国际社会迫切需要共同努力，通过构建新的国际共识和拓展共同利益，来缓解大分化的压力。

首先，国际社会需要共同努力，阻止冷战的幽灵从历史的废墟中死灰复燃。历史学家和国际关系学者已经对人类历史上无数次大国之间对抗冲突的案例进行了梳理，其中包括不少因决策者的战略失误而导致的悲剧，并总结出不少经验教训。这些教训包括彼此误判对方的战略意图；彼此错误处理相互之间的"安全困境"；忽视国际关系中"自我实现预言"的效应，即一国出于国内政治考虑及转嫁国内矛盾，营造所谓"外部敌人意象"，从而导致国际关系尤其是大国关系不断恶化。如今，美国及西方世界中的部分人士继续沉溺在赢得冷战的记忆中，甚至幻想着通过挑起又一场所谓对华新冷战从而使得美国重新强大。我们能否真正吸取过去的历史教训，拒绝冷战的诱惑，避免大国对抗的陷阱？

其次，国际社会应该加强合作，遏制单边主义对多边主义的侵蚀，同时更积极地推动多边主义国际机制的改革，不断完善全球治理。当前，对全球化的不满明显增加，对基于多边主义的全球治理的失望也日益增长。如何在维护国家主权（包括经济发展利益和国家安全利益）与共同推动有效的全球治理之间形成更可持续的平衡关系，是全球化和全球治理面临的重大挑战。但同样显而易见的一点是，对于我们这样一个联系紧密、相互依存不断加深的世界而言，面对越来越多的全球问题，单边主义绝不是好兆头。实行单边主义对单个国家而言也许有其吸引力，但由此所产生的问题将远多于其想解决的问题。全球问题需要全球解决方案，合作应对是唯一出路。

最后，国际社会需要创新思维，推动构建新的集体意识和认知共识。当前关于世界政治和经济发展的国际话语结构中，主流的叙事方式和分析框架依然是基于权力政治（power politics）的逻辑和认同政治（identity politics）的逻辑。尽管上述叙事逻辑依然具有一定的解释力和影响力，但已经无法涵盖当今世界政治和经济的发展现状和未来的演变方向。我们需要构建一种新的叙事方式和分析框架，我暂且称之为"发展政治"（development politics）的逻辑，从而能更全面地把握世界发展的内在动力及其发展方向。

从历史发展的宏观角度看，无论是全球化的发展还是国际秩序的演变，都将同当前非西方世界的新一轮现代化进程与西方世界正在进行的后现代的再平衡进程的走势密切关联。包括中国、印度在内的新兴经济体在前一个进程中扮演着关键的角色，而美国和欧洲等在后一个进程中扮演着关键角色。

就前一个进程而言，冷战结束以来，大规模的现代化进程席卷了非西方世界。到 21 世纪的第二个十年结束之际，广大的发展中国家，包括人口最多的中国和印度，以及东南亚、拉丁美洲和非洲，已经基本完成了现代化的初步阶段，即从低收入国家向中等收入国家的过渡。根据世界银行报告的数据，在世界银行189 个成员国中，有将近 40 个国家是发达经济体；在 150 个发展中国家中，有 108 个国家已进入中等收入阶段，即所谓的中等收入国家。它们的总人口超过 55 亿人，约占全球 GDP 的 1/3，其中约有 40 个国家是中高收入国家。

今天，越来越多的发展中国家正在现代化的初级阶段基础上集聚力量，开启向中高级现代化迈进的新征程。这一进程在人类历史上是前所未有的。如果新一轮现代化取得成功，意味着未来20—30 年时间里，在西方世界之外的超过 40 亿的人口将成为中产阶级，这是人类发展历史上空前的现代化，因为其所涉及的人口规模、地域范围和历史意义都远远超过前两个世纪的世界现代化进程。与此同时，非西方世界的新一轮现代化进程正面临着前所未有的挑战和困难。发展中世界面临的共同挑战是能否在不发生重大动荡的情况下步入更为先进的现代化阶段。从发展中国家国内角度看，这方面的主要问题包括国家现代化治理能力的全面提升，包括经济、政治和社会等结构的不断完善。来自外部的挑战主要是，由西方主导的现有的国际体系是否能够容忍和容纳非西方国家的集体崛起。

与此相对应的是，西方世界作为一个现代化向后现代阶段转型的整体，在冷战后新一轮经济全球化和科技进步浪潮的席卷下，其经济、政治和社会结构正面临着日益增多的内部发展和治理的转型压力，进入了我所称的"后现代化的再平衡时期"。其中一个突出的表征是，在许多西方发达国家，秉持开放、包容和竞争原则的全球主义、精英主义的力量，同基于保护和注重平等的地方主义、民粹主义的力量之间出现了日益严重的对立，他们分别代表了所谓"经济全球化和科技进步的受益者"同"经济全球化和科技进步的受害者"之间的分化和对立，加剧了西方内部的社会经济断层和政治极化的态势，并且正在加速反噬由西方发达国家开启的经济全球化的进程。因此，作为一个整体，西方世界迫切需要同时对自身国内治理和推动国际（全球）治理注入新的动力。就其内部经济、政治、社会等治理而言，西方世界应该通过自身的改革，提升其体制支持内部包容、普惠以及均衡发展的能力，以此保持自身政治、经济和社会体系的稳定，从而能够协调所谓全球主义和精英主义同本土主义和民粹主义之间日益对立的关系。就其与非西方世界的关系而言，西方世界特别是其领导力量应该认识到世界现代化进程的历史意义，尤其是非西方世界群体崛起的历史意义，通过不断完善内部体制和扩大现有国际体系的包容程度，来推进整个世界现代化和世界和平繁荣的进程。

因此，当非西方世界的新一轮现代化进程与西方世界的后现代转型进程相遇时，两者究竟是以包容、稳定、合作的方式互动，还是以排他、对抗、混乱的方式互动，将对世界政治的未来走向产生深远的影响。换言之，未来世界究竟走向大融合还是大分化，将在很大程度上取决于发达国家的后现代转型和发展中国家的现代化发展能否都取得成功，并且相互之间以何种方式互动。

因此，国际社会比以往任何时候都更需要凝聚新的共识，在未知的海洋中同舟共济。如何审视和研究当今世界政治经济格局的转变和发展趋势，对于研究者而言是挑战也是使命。上海国际问题研究院推出的"国际展望丛书"，正是为此目的。同时，也借此庆祝我院成立60周年。

陈东晓

2018 年 10 月

自 序

　　年过七十的人，大多爱追忆往事，而笔者一生最大的往事就是 40 多年的国际问题研究工作。恰好笔者所在的工作单位——上海国际问题研究院鼓励和帮助资深研究人员将过去的著作结集成册，并列入"国际展望丛书"予以出版。于是，笔者整理了 2000 年（即进入 21 世纪）至 2023 年公开发表的论文，选出有代表性的辑成以下三本：第一本《动荡变革期世界发展和趋势：百年大变局中的观察与分析》、第二本《波澜壮阔的中国特色大国外交：实践自觉和理论自觉的视角》、第三本《自主知识体系建构及其途径：国际问题研究的思考和探索》。

　　国际问题大家都很关心且人人都可评论，似乎门槛很低，然而，国际问题变化多端，充满着不稳定性、不确定性，甚至不可知性，需要专业工作者进行专门研究。作为社会科学的一个分支，国际问题自有其发展规律和运作机制，专业工作者的任务就是要在研究、教学、人才培养中结合实际进行实践探索和理论创新。

　　笔者在有关国际问题的研究、教学、人才培养和实践中由浅入深、从具体到综合、从个性到共性、从历史和当前到未来等，在不断追求相对真理中逐步接近绝对真理。作为阶段性的总结，笔者自 21 世纪以来的国际问题研究工作大致可以概括为"论事明理、认清时势、正确判断、理论建构、使命担当"。

首先，研究国际问题大多始于"论事明理"。世界事务包罗万象，不断变化，能梳理出来龙去脉并作出分析判断就是在国际问题研究方面迈出重要的一小步了。笔者是在改革开放元年进门入行的，当时因国家长期封闭的缘故，对外部世界所知极其有限。现在看来，当时的许多研究其实也就是资料的搜集和整理工作。但在那样的条件下，要把国际上发生的事情说清楚，又谈何容易。当时主要的信息来源是《大参考》。此外，单位花费了宝贵外汇订阅的《纽约时报》和《泰晤士报》等报刊的航空版，最快也要出刊后三四天才能收到。为了争取时效，笔者所在单位还获准收听外电外台。这些使外人非常羡慕的国外资料，实际上还是远远落后于世界发生的大事和小事，更不能进行真正意义上的国际学术交流和田野调查等。至于当时那些做卡片、贴剪报、搞摘抄等工作方法，对于当下习惯于电脑、网络、手机的年轻同事们来说是难以想象的，而我们就是这么一路走过来的。

其次，认清时势是中国学者研究国际问题的"看家本领"。从古至今的大家名人，对时代和趋势都有深刻的研究和透彻的领悟。就是中国老百姓，大多也会说"时势造英雄，英雄造时势"这样富有历史观和哲理的话语。认清时势的前提是科学分析和正确判断，这是基于和难于"论事明理"的更高层次的研究。国际问题研究以时政和动态研究为主，往往事发突然，决策情况多因保密而难知其详，而公开的信息资料虽多但需大浪淘沙后方可使用。在此条件下，作出科学、客观和正确判断的难度可想而知。但是，笔者认为，在正确的理论指导下，从历史中寻找启示、在现实中观察分析、到未来时比较检验，符合在不断的往复循环中进行比较和逐步摸索的认识规律，因而也就不失为行之有效的办法。研究国际问题就是为了认识世界和把握规律，争取在顺境时乘势而上，在逆境时蓄势待发。当代的中国国际问题研究要学以致用，为中国的改革开放和现代化建设创造有利的内外环境。因此，研究国际问题要小中见大、大小结合，搞清楚一次事件和一个问题固然重要，但更重要的是，要通过具体问题的研究认清时代潮流、明确历史方向。由于宏观研究和大局把握需要广博的知识、扎实的研究和合适的方法，笔者认为由比较资深的专家学者承担这样的任务比较合适。

再次，在扎实研究基础上进行科学和客观的分析判断。国际问题研究对象和问题众多，都需要我们透过现象看本质。但是，如果说过去的分析判断苦于信息的不足，那么当前的问题则是信息泛滥，真假难辨。而且，专业研究还受到快餐式需求的严重影响，数十年来的手机阅读和网络文化不仅广泛而深刻地改变着人们的思维习惯，也日益影响着专家学者的研究方法和表述形式，碎片化和即时性等干扰着客观和深入的研究。面对这些挑战，专家学者更加要沉得住气，去伪存真，抓住本质，尽可能地客观分析，作出正确研判。

接次，"理论建构"不是所有国际问题研究工作者都能做到的，但却是学界同仁们的努力方向。提高理论认识水平和建构能力是国际问题研究的高层次追求，也是理论自觉的起点和归宿。就当代而言，中国国际问题研究的理论建构包括但并不限于以下四个方面。其一，政策决定和实施的原则、机制和调整的理论研究，这属于"决策论"，虽然只是理论的起步，但却是不可或缺的组成部分。在相当长一段时间里，这个问题是一些在海外求学和工作的中国籍或华裔学者的研究重点。笔者也曾撰写过一部专著：《后冷战时期的中美关系——外交政策比较研究》（上海人民出版社 2000 年版）。其二，国家大战略、国家总体外交战略和重要领域战略在中国国际问题研究的理论中占有特殊的地位，主要研究中国传统战略思想、当代中国战略理论和国际战略理论比较等。例如，邓小平国际战略思想要先于邓小平外交思想成为中国政界和学界的通用概念和常用词汇。其三，国际问题研究的专业理论体系建设。党的十八大以后，在习近平外交思想指导下，国内学界加强了中国特色大国外交理论的体系化建设，笔者也为此而进行探索和创新，撰写了多篇学术论文，出版了多本专著，后者如《中国外交理论和战略的建设与创新》（上海人民出版社 2015 年版）和《中国特色大国外交的理论探索和实践创新》（世界知识出版社 2019 年版）等。其四，政治理论、专业理论和学术理论的融合发展。这项工作的重点和难点在于应对中国走向和走近世界中心所需的实践探索、学术研究和理论创新等。即便如此，中国学界同仁们在困难面前倍加努力，笔者的《习近平外交思想的科学体系》（载习近平外交思想研究中心编著：《习近平外交思想研究论文集》，世界知识出版社 2022 年版，第 1—21 页）也是相关研究的最新心得。

最后，"使命担当"是国际问题研究工作者的动力和目标。国际问题瞬息万变，但国际问题的研究要有定力，不能为博取眼球而故作惊人之语或大肆炒作，更不能为赢得流量而使严肃的专业研究沦为赚钱的产业。相反，国际问题研究在中国的改革开放和现代化建设中负有重要的使命。一是要有理想信念。中国正在通过中国式现代化实现中华民族的伟大复兴，我们不仅要当这一历史进程的见证者，更要当参与者。而且，中国崛起是当今世界最为重要的事件之一，中国式现代化和中华民族的伟大复兴也是人类社会进步的重要组成部分。作为学者，我们要常怀经国济世的理想，常做联系实际的研究，要把论文写在祖国甚至世界的大地上，要把研究成果转化为生产力，通过专业和学术工作造福人民。二是要高举公平正义的旗帜。中国历来主张公平正义，而作为中国的研究者，我们要比西方学者更有正义感和使命感，争取早日实现"中国应当对于人类有较大的贡献"的伟大理想。三是要为建设新型智库夯实基础和培养复合型人才，前者的重点是为国家做好咨政建言工作，后者的重点是促进人才流动和转换。而且，还要从更加长远和广阔的视野看，中国的国际问题研究和教育应当走向世界、示范世界和引领世界。

当代的国际问题研究工作者始于"学业"和"职业"，并追求"专业"和"事业"。就专业和事业而言，当前的一项重要任务就是要建构国际问题研究的自主知识体系。习近平总书记2022年4月25日在中国人民大学考察时指出："加快构建中国特色哲学社会科学，归根结底是建构中国自主的知识体系。"笔者在从事国际问题研究的岁月里，逐步参与了中国特色国际问题研究自主知识体系的建设。初步确立和实践了以下五个方面的理念。

第一，用好现有知识。包括学科知识在内的人类知识体系的建构是个不断传承和不应中断的发展过程。在求知和用知的过程中，笔者认识到，对古今中外所有的知识，不要轻易否定。"文化大革命"期间"破四旧"是笔者挥之不去的梦魇，如此的历史教训令人叹息不已。对于一时难以确定的，可以先予留存，时间和实践往往是最好的检验者。

第二，形成新知识。冷战结束以来，中国在国内发展、国际关系和全球治理等方面进入了知识更新和创新的新阶段，有些新知识已经脱颖而出，更多的也是呼之欲出。例如，中国特色大国外交和国际关系理论、地缘战略和地缘政治、经济科技新变化、全球治理新问题新机制、地区和跨地区的新态势新趋势等，凡此种种，不一而足。需要指出的是，新知识的形成和发展有其自身规律，不可能一蹴而就，既要有见微知著的洞察力，也要有春风化雨的转化力。

第三，创立新学说。当代中国方兴未艾，新思想新理念新学说不断涌现。在当前中国的区域国别学学科建设中，或在改造旧有学说中推陈出新，如从中心-边缘论向东升西降论的蜕变；或在更新原有学说中与时俱进，如地缘政治向地缘生态的拓展；或在假设新的学说中创新发展，如航空航天向天外关系的升华等。在中国创造新学说的进程中，笔者的作用虽然微不足道，但念兹在兹，常绕于心，付之于行。

第四，体现新特点。与西方相比，中国的国际问题研究自有特点。在历史上，我们批判西方的殖民主义、帝国主义、霸权主义，以及西方中心论和优越论。在现实中，我们强调包括中国在内的发展中国家的国家主权、安全和发展利益。在未来努力方向上，我们高举合作共赢公平正义旗帜，分阶段推进人类命运共同体。

第五，建构新体系。建构新的知识体系需要量变、催化和质变三个阶段，即新知识的巨量积累，继而形成具有催化作用的关联结构，最终质变为系统整体的新体系，需要从感性到理性的长时间实践、探索和理论总结。此外，创造或具备突变的催化条件是从量变的循序渐进到质变的关键过程，中国的区域国别学和国家安全学成为国家一级学科就是一次重要的飞跃，其基础是同行们的不懈努力，其催化则是内外的客观需要。而且，要探索各种构建新体系的途径，有的是在已有成果上逐步形成的，有的则是在创新假设中逐步落实的。就中国的国际问题研究的自主知识体系建构而言，大概率是以前者为主后者为辅。

"温故而知新。"笔者通过对过去20多年研究工作的系统梳理和回顾总结，确实又有了新的、更加深刻的认识。前述关于国际问题研究的诸多"应然"和"已然"，多少带有学者的理想追求和书生意气。事实上，在过去的25年里，笔者虽然努力思索、勤于笔耕，但成果终究不多，而选入这三本的则更加有限了。从某种意义上讲，笔者的点滴心得体会或许对同行特别是中青年学者多少有些启迪，对广大国际问题的关注者或许也会有所帮助。

是为序。

杨洁勉

2023 年 11 月 30 日

前　言

　　探索建构具有中国特色的国际问题研究自主知识体系是笔者多年学术生涯的学术梦想和不懈追求，特别是对中国独立自主外交的日益深刻体会，更使笔者将此作为学术研究和学术外交的高层次努力。在年逾古稀之后，笔者把以国际关系和区域国别学科为切入点的国际问题研究自主知识体系建设作为今后十年的三项主要学术工作内容之一（另外两项是中国特色外交理论体系和高层次人才培养）。面对此项艰巨和长期的系统工程，或许应把笔者已有的初步研究作为新起步的基础，遵循实践和认识不断循环和深化的道路继续前行。

　　笔者的国际问题的研究、教学和人才培养的历程大体可分为两个阶段。1979—2000 年为第一阶段，主要是入门和问题研究。笔者外语专业出身的学术背景有利有弊，笔者借助外语工具得以在改革开放初期、中期位列风气之先，比较早和比较多地了解外部世界，并在"引进来"中获益。但随着改革开放的深入和中国的日益强大，外语专业背景者在后劲方面远不如历史学、政治学、经济学和法学等学科出身的研究者。其实，这也是当前中国广大外语院系及其师生们的共同挑战。

　　进入 21 世纪后，笔者逐步向思想理论、战略观念、史学和哲学等方面拓展，以使专业层面的视野更加开阔，基础更加扎实，研究更加深入。二十多年来的实践和探索使笔者更加认识到建构自主知识体系的重要性和难度，也激发了与大家分享自己体会的念头，希冀个人的经验教训能为建构中国自主知识体系所用。

人们需要讨论和研究自主知识体系问题，但更需要努力实践和探索，因为实践和现实是本原，是基础，而仅仅空谈理论和逻辑推理的体系则是无本之木，谈不上自主，更不用说认识世界和改造世界了。

当前，建设"中国特色"学科逐渐成为主流认识，而"国家安全学"和"区域国别学"被列入国家一级学科则更是为"国际问题研究"增添了动力和活力。可以说，中国学界已经进入以知识体系为核心内涵的学科体系、学术体系和话语体系发展的新阶段。

笔者长期从事国际问题研究，并在上海国际问题研究院和一些高校担任硕士生和博士生导师，一直关注与国际问题研究相关的学科建设，积极参与国际关系学和外交学、政治学、历史学、法学、经济学等的交叉和融合研究，近些年来更加自觉地将有关的学术研究和交流活动与建设自主知识体系有机结合，从而提高了学术站位。

笔者对于建构中国特色国际问题研究自主知识体系的大体路径是实践参与、哲学思想、倡导倡议和学科叙事。但是，本书为论文集，故略去"实践参与"而设以下三编。

上编"哲学思想"着重探讨建设国际问题研究自主知识体系的基本思想和指导原则。笔者深知，"一个理论体系的深层根基在于其哲学基础，哲学基础决定了理论体系的学理深度和发展方向”[1]。中国特色国际问题研究的哲学基础主要由两部分组成，即中国化马克思主义和中国优秀传统文化。就事论事式的国际问题研究已为历史所淘汰，而时代、国家、人民所需要的是富有哲理的分析和哲学高度的启迪。上编中的《美国视中国为“主要威胁”的思想溯源和理论依据》重点分析美国的哲学思想和国关理论。值得一提的是，该文为《国际问题研究》的英文版所转载时，译者在“意译”时并没有征询作者意见，将其译成“The Philosophical Origin Behind the American Perception of China”[2]。应该说，知我者，译者也。

中编“倡导倡议”主要从学术角度讨论中国在世界上的各项重要倡导和倡议。笔者认为，这些倡导倡议具有中国的独特和开创意义，当然也是自主知识体系的重要组成部分。中国倡导倡议的和平共处五项原则、和谐世界、和平发展观、金砖国家机制、“一带一路”、人类命运共同体等充分彰显了中国特色、中国风格、中国气派，代表了国际社会谋求和平发展与合作共赢的共同要求和共同努力，也使中国自主知识体系更加具有时代的进步意义。

下编“学科叙事”的探讨要点在于国际问题研究自主知识体系的学科学术建设和话语叙事建设。笔者的工作单位是研究机构，体量较小，学科不多，因而历来羡慕高校庞大的体量和众多的学科，并很乐意参与其学科建设的实践和研究。而且，笔者从长期的国内外交流中深切地体会到，话语叙事和国际传播是国际

---

[1] 梁波：《习近平治国理政思想的哲学基础》，载《中国特色社会主义研究》2017年第5期，第21页。

[2] *China International Studies*，March/April 2023，p.5.

问题研究自主知识体系的重要但又相对薄弱的部分，因此也不时撰文，希望引起大家的重视。虽然本人在学科建设和话语叙事方面的研究不多也不深，但文章内外却充满着笔者对建设中国式现代化和中国自主知识体系的拳拳之心和殷殷之情。

目　录

上　编

哲学思想

试论习近平外交哲学思想的建构和建树[*]

当前，人类社会处于大发展大变革大调整时期，国际关系和中国外交面临着百年未遇之变化，值此中国日益走近世界舞台中央之际，习近平总书记从哲学的角度进行分析和思考，并指导着中国特色大国外交不断向纵深发展。

外交哲学是关于外交理论的理论，集中体现国家对外关系的基本原则和价值观，研究有关的存在、意识和知行的规律，追求其根本性问题的解决之道。[1]习近平外交哲学思想是习近平外交思想的重要组成部分，它源于中国外交实践和古今中外的优秀思想理论，特别是中国化马克思主义哲学观。习近平以历史唯物主义和辩证唯物主义的立场、观点和方法，分析当今世界的国际环境和发展趋势，抓住国际关系的主要矛盾和问题，并提出中国外交的总原则、总规律和总方案。习近平外交哲学思想是我们认识世界和改造世界的强大思想武器，提高了中国外交的自觉性和理性，使之在新的历史征程中不断前进。

一、丰富的外交实践孕育深邃的哲学思想

作为一个马克思主义者，习近平坚信："实践性是马克思主义理论区别

---

* 原文载《国际观察》2018 年第 6 期，第 1—13 页。
[1] 参见杨洁勉：《中国外交哲学的探索、建设和实践》，载《国际观察》2015 年第 6 期，第 1—12 页。

于其他理论的显著特征。"[1]当代中国和世界丰富的外交实践是习近平外交哲学思想的基本渊源。

（一）时代呼唤和世界舞台

习近平历来关注国际形势和中国外交，在地方工作期间就十分重视地方外事工作服务于国家总体外交。2007 年，党的十七大胜利召开。2008 年，北京成功举办奥运会，世界却陷入了来势凶猛的全球金融危机。历史的召唤使中国成为时代的弄潮儿，形势的发展使中国走近世界舞台的中央早于人们预期。在此期间，习近平从地方来到北京，成为中央政治局常委、国家副主席和军委副主席，直接参与大量的外事外交决策和国务活动，以更加自觉和理性的态度在外交实践中经受历练和展现身手。党的十八大后，习近平众望所归地成为中国党政军的最高领导，站在更高的历史起点和时代前沿进行外事外交实践活动。他领导中国特色大国外交取得全面进展："实施共建'一带一路'倡议，发起创办亚洲基础设施投资银行，设立丝路基金，举办首届'一带一路'国际合作高峰论坛、亚太经合组织领导人非正式会议、二十国集团领导人杭州峰会、金砖国家领导人厦门会晤、亚信峰会。倡导构建人类命运共同体，促进全球治理体系变革。"[2]五年多来，习近平密切关注国情和世情，满怀热情地投身于丰富多彩但又艰难复杂的内外实践，抓住当代国际社会的主要矛盾，在丰富的实践中不断提炼和升华外交哲学思想。

（二）实践自觉和实践自信

外交实践，各国都有，但实践有自觉和被动之分。习近平公务繁忙，但他仍把大量的时间和精力倾注于中国的外交事业。在 2013 年 3 月到 2017 年 8 月期间，习近平 28 次踏出国门，出访足迹遍及五大洲的 50 多个国家；

---

[1] 习近平：《在纪念马克思诞辰 200 周年大会上的讲话》，载《人民日报》2018 年 5 月 5 日。
[2] 习近平：《决胜全面建成小康社会　夺取新时代中国特色社会主义伟大胜利——在中国共产党第十九次全国代表大会上的报告》，北京：人民出版社 2017 年版，第 7 页。

接待数百人次外国元首和政府首脑来华；主持或出席一系列重要国际会议和活动。[1]经常担任习近平出访英文翻译的周宇介绍说，"（习主席）每一次出访时间都很紧张，这使得他的日程安排常常要精确到分钟"，有时甚至吃不上饭，只能在转场间隙以饼干充饥。[2]习近平在外交上的亲历亲为体现了他的高度实践自觉性，举世公认的中国外交成就更加增强了他的实践自信心。在习近平的领导下，中国外交在中美关系、中日关系、南海问题、朝核问题、气候变化、全球和地区治理等实践上都有重大突破。习近平身上展示的大国外交自信和风范，在当代世界各国领导人中显得相当突出。习近平在波澜壮阔的外交实践中，"牢牢把握中国和世界发展大势，深刻思考人类前途命运，提出了一系列富有中国特色、体现时代精神、引领人类发展进步潮流的新理念新主张新倡议，形成了习近平新时代中国特色社会主义外交思想即习近平外交思想"。[3]

（三）实践发展和实践创新

党的十八大以来，习近平领导中国的外交实践持续地向纵深方向发展，在发展中又不断创新。在外交实践中，习近平坚持中国共产党的领导和中国特色社会主义道路，形成全方位、多层次、立体化的外交布局，推进政党、人大、政协、军队、地方、人民团体等的对外交往，防范重大政治和经济风险，加大对外工作的体制机制改革力度等。中国在对外工作中，"开创性推进中国特色大国外交，经历了许多风险考验，打赢了不少大仗硬仗，办成了不少大事难事，取得了历史性成就"[4]。此外，中国外交还加强了

---

[1]《走近世界舞台中心——党的十八大以来外交工作成就综述》，新华网，2017年8月27日，http://news.xinhuanet.com/politics/2017-08/27/c_1121549869.htm。

[2]《没时间吃饭 吃饼干 出访时的习近平忙到日程以分钟计！》，中国新闻网，2017年8月29日，http://www.chinanews.com/gn/2017/08-29/8316939.shtml。

[3]杨洁篪：《以习近平外交思想为指导 深入推进新时代对外工作》，载《求是》2018年第15期，第3页。

[4]《习近平在中央外事工作会议上强调 坚持以新时代中国特色社会主义外交思想为指导 努力开创中国特色大国外交新局面》，载《人民日报》2018年6月24日。

国家元首的战略引领作用，提升了许多重要国际机制的正能量，并倡导了亚洲基础设施投资银行、金砖国家新开发银行、"二十国集团＋"、"金砖国家＋"和"一带一路"国际合作高峰论坛等新机制。中国外交实践的发展和创新为当代外交贡献了中国智慧和中国方案等国际公共产品，推动了世界的和平、发展、合作、共赢。

二、 马克思主义哲学的中国化

哲学的生命力在于反映时代精神和时代问题，中国的外交哲学更是同中国、世界的发展息息相关。习近平在建设中国外交哲学时特别重视马克思主义哲学的中国化，立足于分析世情和国情，以此来解决中国外交面临的实际和实践问题。

（一）在继承发扬中发展创新

中国外交哲学建设首先需要继承马克思主义的精髓——历史唯物主义和辩证唯物主义。习近平非常重视学哲学和用哲学，强调要站在历史和全局的高度，用马克思主义的哲学观认识和改造世界。为了更全面、更完整地学习和掌握马克思主义哲学观，中共十八届中央政治局先后于 2013 年 12 月 3 日和 2015 年 1 月 23 日开展第十一次和第二十次集体学习，学习内容分别是历史唯物主义和辩证唯物主义的基本原理和方法论，这在我党历史上并不多见。习近平在十八届中央政治局第十一次集体学习中指出，"努力把马克思主义哲学作为自己的看家本领"，"马克思主义哲学深刻揭示了客观世界特别是人类社会发展的一般规律，在当今时代依然有着强大生命力，依然是指导我们共产党人前进的强大思想武器"。[1]中国共产党在继承和发扬马克思主义的进程中，形成了马克思主义中国化的最新成果——习近平

---

[1]《习近平在中共中央政治局第十一次集体学习时强调　推动全党学习和掌握历史唯物主义更好认识规律更加能动地推进工作》，载《人民日报》2013 年 12 月 5 日。

新时代中国特色社会主义思想，而作为后者重要组成部分的习近平外交思想则"是以习近平同志为核心的党中央治国理政思想在外交领域的重大理论成果，是新时代我国对外工作的根本遵循和行动指南"[1]。

（二）认识时代潮流和把握历史规律

时代范畴是马克思主义的一个基本范畴，其基本内涵是指人类社会发展的历史方位。习近平历来重视总结世界的大趋势和国际形势特点，始终把握历史发展规律，做到顺势而为和站在时代的前沿。习近平多次指出，世界正处于大发展大变革大调整时期，和平与发展仍然是时代主题。从全球政治方面看，世界在多极化的进程中，科学社会主义在 21 世纪的中国焕发出强大生机和活力，中国特色社会主义的旗帜在世界上高高飘扬。从全球经济方面看，习近平强调"经济全球化是社会生产力发展的客观要求和科技进步的必然结果"，但"经济全球化是一把'双刃剑'"。[2]中国在经济全球化问题上既能顺势而为，又能顶住反全球化、去全球化和逆全球化等社会思潮，通过反对贸易保护主义和单边主义来推动世界经济持续发展。从全球社会方面看，习近平强调信息社会化和文化多样化，紧紧抓住多样发展和扶贫脱困，强调南南合作和南北对话，推动全球社会朝着更加公平正义的方向前进。

（三）坚持物质和实践第一的属性

外交上的物质本原和实践基础聚焦于实事求是。习近平十分强调外交要立足于现实的国情和世情，坚持发展是第一要务，努力提升综合国力。习近平指出，"社会存在决定社会意识。我们党现阶段提出和实施的理论和路线方针政策，之所以正确，就是因为它们都是以我国现时代的社会存在

---

[1]《习近平在中央外事工作会议上强调　坚持以新时代中国特色社会主义外交思想为指导努力开创中国特色大国外交新局面》，载《人民日报》2018 年 6 月 24 日。

[2] 习近平：《共担时代责任　共促全球发展——在世界经济论坛 2017 年年会开幕式上的主旨演讲》，载《人民日报》2017 年 1 月 18 日。

为基础的"，"要学习和掌握物质生产是社会生活的基础的观点"。[1]为此，以习近平同志为核心的党中央号召举国上下努力建设伟大的社会主义强国，不仅向世界展示了中国强大的物质和精神财富，而且在可能的范围内给予广大发展中国家更多的物质支援，增加了后者的获得感和认同感。

（四）两点论和重点论的辩证统一

在领导中国外事外交时，习近平总是辩证和全面地思考、设计和推进各项工作。习近平强调："在任何工作中，我们既要讲两点论，又要讲重点论。"[2]习近平在坚持中国和平发展道路的同时，强调有关各国也要和平发展，在分析国际形势时讲机遇，但更讲挑战，在建设新型国际关系时考虑到发达国家，但更关心和支持广大发展中国家。事实证明，"两点论"符合现实世界的客观实际，避免了片面化和极端化，在综合平衡的基础上得出了更加接近客观事物的结论和找到了更加有效的答案。中国特色大国外交在"两点论"的指导下，抓住复杂多变形势的实质，坚持了战略定力，顶住了极端主义、民粹主义和单边主义等社会思潮，实现了稳中求进和进中有稳的战略目标。

三、中国传统哲学的当代化

博大精深的中国优秀传统哲学是中华民族智慧的结晶，但需要通过当代化的扬弃才能与时俱进。党的十八大以来，习近平创造性地总结和运用中国优秀传统哲学，把中国外交哲学建设推向了历史的新高度。

（一）综合梳理和去芜存菁

随着走向全球大国进程的加快和日益走近世界舞台的中央，中国亟须在

---

［1］《习近平在中共中央政治局第十一次集体学习时强调　推动全党学习和掌握历史唯物主义更好认识规律更加能动地推进工作》，载《人民日报》2013年12月5日。

［2］《习近平在中共中央政治局第二十次集体学习时强调　坚持运用辩证唯物主义世界观方法论　提高解决我国改革发展基本问题本领》，载《人民日报》2015年1月25日。

外交领域有重点地总结和发扬传统优秀哲学思想。为此，中国首先要摸清家底，辨清精华和糟粕，使优秀传统哲学在新形势下重新焕发出智慧的光芒。显然，这是一项长期的系统工程，需要不断和不懈的努力。中国在进入21世纪后，重视用优秀传统哲学丰富和发展当代外交哲学思想，相继强调了"协和万邦""和而不同""亲仁善邻"等理想。党的十八大以来，习近平从加强文化自信的高度出发，更加强调对优秀传统哲学进行再梳理和再发掘，发扬和更新了传统哲学中的"天下观""和平观""战争观""战略观""发展观""义利观""共赢观"等重要思想理念。习近平还善于将中国优秀传统哲学思想运用到中国对外工作中去，他经常引用"道法自然""夫物之不齐，物之情也""图难于其易，为大于其细"等先贤的哲理名言。习近平在提出"亲、诚、惠、容"的周边外交理念和"真、实、亲、诚"的对非工作方针时，也体现了中国优秀传统哲学思想。与此同时，习近平还摒弃中国传统文化中落后和守旧的糟粕思想，强调"既不能罔顾国情、超越阶段，也不能因循守旧、墨守成规"[1]，认为"妄自尊大或独善其身只能四处碰壁"[2]。

（二）古为今用和创新发展

中国优秀的传统哲学思想不仅记载于文献古籍，而且渗透于五千年的文明史和寻常百姓的日常生活之中，为其当代化创造了独特的条件。发扬中国优秀传统哲学不能"述而不作"，应把重点放在解决当代问题上。2014年9月24日，习近平在纪念孔子诞辰2565周年国际学术研讨会上指出："世界上有一些有识之士认为，包括儒家思想在内的中国优秀传统文化中蕴藏着解决当代人类面临的难题的重要启示。"[3]正如有的学者所总结的那样："习近平新时代中国特色社会主义外交思想的形成与中华优秀传统文化

---

[1] 习近平：《坚定不移走中国特色社会主义法治道路》，载《人民代表大会制度重要文献选编》（四），北京：中国民主法制出版社、中央文献出版社2015年版，第1831页。

[2] 习近平：《开放共创繁荣　创新引领未来——在博鳌亚洲论坛2018年年会开幕式上的主旨演讲》，载《人民日报》2018年4月11日。

[3] 习近平：《在纪念孔子诞辰2565周年国际学术研讨会暨国际儒学联合会第五届会员大会开幕会上的讲话》，载《人民日报》2014年9月25日。

有着密切的关系，世界'大同'与人类命运共同体、'以和为贵'与坚持走和平发展道路、实行'开户牖'与更加开放、'威武不能屈'与决不会吞下损害我国主权、安全、发展利益的苦果，是习近平新时代中国特色社会主义外交思想对中华优秀传统文化的传承、弘扬和升华。"[1]在中国外交方面，习近平经常强调中和、泰和、求同存异、和而不同、和谐相处等哲学思想，并同各国深入交流和广为传播，为世界外交哲学注入了中国元素，增加了当代外交的思想深度和理论厚度。

（三）启迪思路和指引方向

中国在国际社会中高举社会主义的旗帜和倡导人类命运共同体，不仅代表着先进的物质产品，而且传递着先进的文化。同理，中国外交要继续引领时代潮流，就必须在外交哲学、外交理论和外交实践中处于前沿地位。中国在实现长远战略目标时需要不断开创先进的新思想，而五千年连绵不断的中国文明（包括外交哲学思想）都是创新的基础和出发点。"两个一百年"奋斗目标、中华民族的伟大复兴、社会主义初级阶段、新型国际关系、人类命运共同体等都需要深刻的哲学思考和探索，中国传统哲学中的"时势""大同""守正""应变""致用"等理念对于中国内政外交和国际社会发展都具有现实和深远的影响。

四、 新时代外交哲学的国际化

外交哲学具有国际性和中外互动的特点。习近平指出："博大精深的中华优秀传统文化是我们在世界文化激荡中站稳脚跟的根基。"[2]他以坚定的文化自信，推动中国和各国的文化交流，与国际社会共同建设富有时代进

---

[1] 李慎明：《习近平新时代中国特色社会主义外交思想与中华优秀传统文化》，载《毛泽东研究》2018年第2期，第11页。

[2]《习近平在中共中央政治局第十三次集体学习时强调　把培育和弘扬社会主义核心价值观作为凝魂聚气强基固本的基础工程》，载《人民日报》2014年2月26日。

步意义的外交哲学新思想和新理念。

（一）弘扬中国的基本外交哲学理念

中国外交哲学是世界外交哲学的重要组成部分，中国外交哲学伴随着中国物质和精神文明共同走近世界舞台的中央。习近平经常从哲学上分析国际环境变化和世界发展趋势，并提出富有哲理的时代命题和应对方案。习近平 2017 年 1 月 18 日在联合国日内瓦总部发表主旨演讲时指出："当今世界充满不确定性，人们对未来既寄予期待又感到困惑。世界怎么了、我们怎么办？这是整个世界都在思考的问题，也是我一直在思考的问题。"[1]习近平在党的十九大报告中又指出："世界命运握在各国人民手中，人类前途系于各国人民的抉择。"[2]习近平在纪念马克思诞辰 200 周年大会上还指出："只有在整个人类发展的历史长河中，才能透视出历史运动的本质和时代发展的方向。"[3]党的十八大以来，习近平在许多重要中外场合阐述了中国的基本外交哲学。习近平旗帜鲜明地指出："中国共产党是为中国人民谋幸福的政党，也是为人类进步事业而奋斗的政党。中国共产党始终把为人类作出新的更大的贡献作为自己的使命。"[4]习近平提出："对外工作要坚持统筹国内国际两个大局，坚持战略自信和保持战略定力，坚持推进外交理论和实践创新，坚持战略谋划和全球布局，坚持捍卫国家核心和重大利益，坚持合作共赢和义利相兼，坚持底线思维和风险意识。"[5]凡此种种，都体现了中国外交哲学的基本思想，并使国际社会更加深刻地认识中国外交的价值观、世界观和战略观等，厚植了同中国合作共赢的基础。

---

[1] 习近平：《共同构建人类命运共同体——在联合国日内瓦总部的演讲》，载《人民日报》2017 年 1 月 20 日。

[2] 习近平：《决胜全面建成小康社会 夺取新时代中国特色社会主义伟大胜利——在中国共产党第十九次全国代表大会上的报告》，北京：人民出版社 2017 年版，第 60 页。

[3] 习近平：《在纪念马克思诞辰 200 周年大会上的讲话》，载《人民日报》2018 年 5 月 5 日。

[4] 习近平：《决胜全面建成小康社会 夺取新时代中国特色社会主义伟大胜利——在中国共产党第十九次全国代表大会上的报告》，北京：人民出版社 2017 年版，第 57—58 页。

[5] 《习近平在中央外事工作会议上强调 坚持以新时代中国特色社会主义外交思想为指导 努力开创中国特色大国外交新局面》，载《人民日报》2018 年 6 月 24 日。

（二）勇于和善于进行国际交流交锋

外交哲学的国际交流是高层次和深层次的国际交流，也是大国外交的重要内容。习近平在国际交往时重视外交哲学上的相互交流和学习，也不回避必要的竞争和斗争。为此，基辛格认为习近平"是一位很有哲学深度的人，他会全面地思考问题"。[1]

一方面，习近平在中国外交哲学建设方面非常重视向一切优秀文化思想学习。2015年10月20日，习近平在英国议会发表讲话时指出："英国是最先开始探索代议制的国家。在中国，民本和法制思想自古有之，几千年前就有'民惟邦本，本固邦宁'的说法。现在，中国人民正在全面推进依法治国，既吸收中华法制的优良传统，也借鉴世界各国法治的有益做法。"[2]2016年1月21日，习近平在阿拉伯国家联盟总部演讲时指出："中华文明与阿拉伯文明各成体系、各具特色，但都包含有人类发展进步所积淀的共同理念和共同追求，都重视中道平和、忠恕宽容、自我约束等价值观念。"[3]

另一方面，习近平坚信中国外交哲学的正义性和先进性，有理有力地批判了以美国为首的西方国家落后的和过时的外交哲学，为广大非西方国家在国际上赢得了更多的思想权和话语权。

第一，批判以美国为首的西方国家在外交上信奉弱肉强食的丛林法则。2015年时值世界反法西斯战争胜利和联合国成立70周年。在全世界反思历史和关注国际体系发展之时，2015年5月7日在出席俄罗斯纪念卫国战争胜利70周年庆典并访问俄罗斯前夕，习近平在《俄罗斯报》发表题为"铭记历史，开创未来"的署名文章，他指出："第二次世界大战的惨痛教训告

---

[1] 转引自王立民：《书写马克思主义哲学新篇章——论习近平总书记治国理政的哲学思想》，载《中国社会科学报》2016年1月25日，http://www.cssn.cn/dzyx/dzyx_llsj/201601/t20160115_2828576.shtml。

[2] 《习近平在英国议会发表讲话》，载《人民日报》2015年10月21日。

[3] 习近平：《共同开创中阿关系的美好未来——在阿拉伯国家联盟总部的演讲》，载《人民日报》2016年1月22日。

诉人们，弱肉强食、丛林法则不是人类共存之道。穷兵黩武、强权独霸不是人类和平之策。赢者通吃、零和博弈不是人类发展之路。和平而不是战争，合作而不是对抗，共赢而不是零和，才是人类社会和平、进步、发展的永恒主题。"[1]中国在批判以美国为首的西方国家强权政治的同时，在国际社会上更加强调相互尊重和大小国家一律平等的外交哲理，并以此作为新型国际关系的重要内涵。

第二，批判以美国为首的西方国家非此即彼的二元对立观。以美国为首的西方国家长期不愿放弃冷战思维和"零和理论"，以此对抗国际合作。美国在大国外交中不时鼓噪"修昔底德陷阱"，一些欧洲国家也惯于强调东西方在价值观和体制上的对立。习近平在访美时有针对性地指出："世界上本无'修昔底德陷阱'，但大国之间一再发生战略误判，就可能自己给自己造成'修昔底德陷阱'。"[2]习近平在访欧时又与欧盟共同倡导旨在合作共赢的"和平、增长、改革、文明四大伙伴关系"。习近平在中美关系和中欧关系上再三强调合作的必要性，中国的合作共赢观同以美国为首的西方国家的二元对立观相比，具有明显的道德优势，并且正日益显示出强大的生命力。

第三，批判以美国为首的西方国家的唯我独尊观。以美国为首的西方国家对华政策有个错误出发点，就是唯我独尊和贬抑中国。美国总统特朗普侈谈"美国优先"的利己哲学，欧洲对华强调的规范规则其实也是对华优越观的表现。习近平则相反，他反复强调没有最好，只有更好的理念。习近平在外交上提倡相互尊重、公平正义、合作共赢的新型国际关系，倡导人类命运共同体，建设持久和平、普遍安全、共同繁荣、开放包容、清洁美丽的世界。

---

[1] 《习近平在俄罗斯媒体发表署名文章 铭记历史，开创未来》，载《人民日报》2015年5月8日。

[2] 习近平：《在华盛顿州当地政府和美国友好团体联合欢迎宴会上的演讲》，载《人民日报》2015年9月24日。

（三）中外共同推进新时代外交哲学

习近平作为全球大国的领导人，还努力在对外交往中在哲学思想方面争取更多的存量理解和增量共识，争取国际社会形成共同建设新时代的外交哲学。

1. 国际形势共识的哲学呼应。

近些年来，国际形势变化和全球性挑战增加，一些国家的外交理念陷入迷茫和混乱状态。为此，习近平非常重视增进外交哲学的国际共识。2018 年 5 月 24 日，习近平在会见来访的德国总理默克尔时指出："中方愿同欧方一道，坚定倡导多边主义。"[1]6 月 8 日，习近平和普京在北京签署《中华人民共和国和俄罗斯联邦联合声明》，声明指出："中俄伙伴关系是当今国与国关系的典范，中俄协作是维持世界战略平衡与稳定的关键因素。当今世界冲突高发，地缘政治矛盾激化，建设性协作空间压缩，经济保护主义抬头。"[2]6 月 9 日，习近平在上海合作组织青岛峰会欢迎宴会上的祝酒辞中指出，儒家倡导的"和合"理念同上合组织倡导的"上海精神"有很多相通之处。[3]7 月 25 日，习近平在于约翰内斯堡举行的金砖国家工商论坛的讲话中指出："金砖国家要坚定建设开放型世界经济，旗帜鲜明反对单边主义和保护主义，促进贸易和投资自由化便利化，共同引导经济全球化朝着更加开放、包容、普惠、平衡、共赢方向发展。"[4]

2. 强调知行合一的哲学认识。

中国信奉知行合一和实事求是的哲学思想，这与许多国家务实的哲学观也有重合之处。中国努力以相同或相近的世界观把已经形成的共识尽早付诸行动，推进把理想变为现实的历史进程。2016 年 9 月 3 日，习

---

[1]《习近平与德国总理默克尔举行会晤》，载《人民日报》2018 年 5 月 25 日。

[2]《中华人民共和国和俄罗斯联邦联合声明》，载《人民日报》2018 年 6 月 9 日。

[3] 习近平：《在上海合作组织青岛峰会欢迎宴会上的祝酒辞》，载《人民日报》2018 年 6 月 10 日。

[4] 习近平：《顺应时代潮流　实现共同发展——在金砖国家工商论坛上的讲话》，载《人民日报》2018 年 7 月 26 日。

近平在于杭州举行的二十国集团工商峰会上重申"一个行动胜过一打纲领",并呼吁"二十国集团成员应该同国际社会一道坚定信念、立即行动……作出努力"。[1]中国倡导的人类命运共同体、新型国际关系和"一带一路"等需要同世界各国进行对接,在和而不同的外交哲学指导下,共同前进。

3. 强国富民的执政哲学目标。

强国富民是当代的主流民意,当代不少国家领导人以此作为执政哲学目标。普京在 2000 年就任总统时引用俄罗斯的历史名言说:"给我二十年,我还你一个强大的俄罗斯。"此后,普京一直为重振俄罗斯大国雄风而努力。默克尔四次连任德国总理,长期置身于欧洲事务中心并继续推动欧洲一体化。印度总理莫迪旨在把印度打造成"全球领导大国",增加对其他国家的跨国界影响。习近平倡导的中国梦更是在当代执政理念上具有引领旗帜作用。他既提出到 21 世纪中叶把中国建成富强民主文明和谐美丽的社会主义现代化强国的目标,也强调推进人类命运共同体和新型国际关系的建设。习近平内外统筹和内外兼修的理念极大地丰富了当代世界各国执政目标的哲学内涵。

4. 解决重大议题的哲学思考。

外交哲学贵在提出和解决全球重大议题的思路。习近平对当代人类社会面临的全球治理、科技革命、生态文明等重大议题进行了深刻的哲学思考,其国际共鸣点正在日益增多。在全球治理方面,习近平强调,推动全球治理体系变革是国际社会大家的事,要坚持共商共建共享原则,使关于全球治理体系变革的主张转化为各方共识,形成一致行动。[2]在科技革命方面,习近平以政治家的敏锐指出:"进入 21 世纪以来,全球科技创新进入空前密集活跃的时期,新一轮科技革命和产业变革正在重构全球创新版

---

[1] 习近平:《中国发展新起点　全球增长新蓝图——在二十国集团工商峰会开幕式上的主旨演讲》,载《人民日报》2016 年 9 月 4 日。

[2] 《习近平在中共中央政治局第三十五次集体学习时强调　加强合作推动全球治理体系变革共同促进人类和平与发展崇高事业》,载《人民日报》2016 年 9 月 29 日。

图、重塑全球经济结构。"[1]在生态文明方面，习近平提出"坚持人与自然和谐共生""绿水青山就是金山银山"和"良好生态环境是最普惠的民生福祉"等先进理念。[2]由此可见，习近平在全球重大议题上具有大思路和大智慧，其思想充满着历史唯物主义和辩证唯物主义的哲学真谛，加深了国际社会在哲学层面上的共识，因而具有世界的普遍意义。

五、结语

展望未来，中国外交任重道远。面对日益复杂纷繁的国际环境和国际关系，我们"要把当今世界的风云变幻看准、看清、看透，从林林总总的表象中发现本质，尤其要认清长远趋势"。[3]为此，习近平强调"把握国际形势要树立正确的历史观、大局观、角色观"。[4]正确历史观能知往鉴来，正确大局观可把握全局，正确角色观要准确战略定位。"三观"是习近平外交哲学思想的最新总结，可指导我们超越局部、总体认识世界和有效地解决问题。在中国内政外交进入新时代的历史性时刻，我们要在习近平新时代中国特色社会主义思想和习近平外交思想的指导下，发扬我党"学哲学、用哲学"的优良传统，增强外交的实践自觉和理论自觉，牢牢把握人类社会发展的规律和方向，积极推进新型国际关系和人类命运共同体的建设，努力开创中国外交的新局面，为两个交汇期的胜利和中华民族的伟大复兴创造更加有利的内外环境而努力奋斗。

---

[1] 习近平：《在中国科学院第十九次院士大会、中国工程院第十四次院士大会上的讲话》，载《人民日报》2018年5月29日。
[2] 《习近平在全国生态环境保护大会上强调　坚决打好污染防治攻坚战　推动生态文明建设迈上新台阶》，载《人民日报》2018年5月20日。
[3] 习近平：《习近平谈治国理政》（第二卷），北京：外文出版社2017年版，第442页。
[4] 《习近平在中央外事工作会议上强调　坚持以新时代中国特色社会主义外交思想为指导　努力开创中国特色大国外交新局面》，载《人民日报》2018年6月24日。

大国外交的哲学思考 *

中国作为一个正在走近世界舞台中央的全球性大国，在外交上不仅需要与此相应的经济、军事等物质基础，而且需要代表时代进步的思想理论基础。中国在外交理论建设时必须进行深入的哲学思考，这样才能在实践中提炼升华，在林林总总的事件和日新月异的变化中把握时代脉搏和历史发展规律。

一、 外交哲学的基本定义

哲学是理论化、系统化的世界观和方法论。[1]哲学是定性、定逻辑地认识宇宙整体变化规律的学问。科学是在哲学对宇宙的定性、定逻辑的基础上分科认识宇宙中各部分即万事万物的定量变化规律的学问。由此可见，外交哲学应是在理论化和系统化的总框架下对外交规律的研究。因此，笔者认为，外交哲学可基本定义为：国家对外关系的基本原则和价值观，研究有关的"存在""意识"和"知行"的规律，追求其根本性问题的解决之道。[2]

---

* 原文载杨洁勉:《中国特色大国外交的理论探索和实践创新》,北京:世界知识出版社 2019 年版,第 88—108 页。

[1] 夏征农、陈至立主编:《辞海（第六版彩图本)》,上海:上海辞书出版社 2009 年版,第 2903 页。

[2] 杨洁勉:《中国外交哲学的探索、建设和实践》,载《国际观察》2015 年第 6 期,第 2 页。

迄今为止，国内外政界和学界对外交哲学尚无公认的定义。改革开放以来，在强烈的西学东渐和爆炸式信息发展中，许多中西外交语汇和概念相互交叉，用词泛化和随意使用比较普遍。在内外交往和学术交流中往往出现语汇相同而意义相异的现象，在相当程度上妨碍了有效交流。[1]因此，对外交哲学进行定义，不仅有利于消除误解、增进了解和促进交流，而且有利于厚植中外关系基础和增进未来发展共识等。

进入 21 世纪以来，中国国际关系学界开始讨论外交哲学问题。张志洲是国内较早提倡研究"外交哲学"的学者之一，他认为："外交哲学是一个国家对于外交思想的一种基本信仰和系统化的基本价值观念，是一个国家的国家哲学观和世界观在外交领域中的体现。外交哲学具有外交理念基础性、世界观系统性以及长期稳定性。"[2]赵可金认为："外交哲学是指一个国家在特定历史条件下，为实现国家最高政治意志而形成的指导外交实践的价值信念和根本行动方针。它具有全局性、主导性、相对稳定性和内在统一性，是一个国家在较长一段时期内统揽外交全局的指导性纲领。"[3]王公龙认为："中国国际战略哲学基础已经发生了深刻的变化，以斗争为基础的哲学不再是中国国际战略思想的哲学基础，尽管在新的历史时期，中国依然不能完全放弃斗争手段在特定历史阶段的现实意义，但中国对外战略中的'和解哲学''合作哲学''共赢哲学'已经占据了新时期中国国际战略哲学的主导位置。"[4]

二、 外交哲学的继承发展

外交哲学产生于人类社会和国际社会的实践和理论需求，在从古到今

---

[1] 例如，国务院新闻办公室编写的《解读中国外交新理念》（北京：五洲传播出版社 2014 年版）的英译本书名则为 New Philosophy of Chinese Diplomacy。

[2] 张志洲：《在崛起背景下构建中国自己的外交哲学》，载《国际论坛》2007 年第 1 期，第 28 页。

[3] 赵可金：《中国地位与世界角色——探索新外交哲学》，载《国际政治研究》2012 年第 4 期，第 53 页。

[4] 王公龙：《中国特色国际战略思想体系研究》，北京：人民出版社 2012 年版，第 81 页。

的数千年历史长河中发展和成熟，逐步聚焦在根本原则、知行规律和主要议题三个方面。

（一）外交根本原则的发展轨迹

在各国，特别是大国的外交哲学中，世界观、战争与和平观、价值观最为重要。

1. 世界观。

世界观是人们对整个世界以及人与世界关系的总的看法和根本观点，其实质是从根本上去理解世界的本质和运动根源。外交哲学的世界观从国际关系和全球事务方面去认识、分析和掌握其发展规律和方向。

世界观具有普遍性。世界观是人们对世界的基本看法和观点。因此，世界各国以及当代社会的各类行为体的世界观，都关系到如何认识世界、解释世界和改造世界。世界主要大国在处置对外关系时，更需要确立和推介自己的世界观。一些主要国际组织也负有类似的历史使命，如联合国的一个重要使命就是推广其宪章的宗旨。

世界观又有阶段性。世界观具有实践性，在不断的实践探索和理论创新中更新、完善、优化。因此，国家在不同历史时期具有不同特点或重点的世界观。在农耕时代、工业革命时代和信息革命化时代等，在奴隶社会、封建社会、资本主义社会等，在战争时期与和平时期，世界各国的世界观很不相同，这种认识上的阶段性发展将一直存续到国家消亡的年代。

世界观还有特殊性。中国古代哲学讲究阴阳相生相长，所以认为世间万物都是有联系的，它不仅关注事物的对立性，更突出事物的同一性。此外，儒家还认为，天下本为一体，要讲"修身齐家治国平天下"。直至今日，中国的外交哲学还是强调"和合""统一"与"合作"。英国政治家和哲学家托马斯·霍布斯和德国哲学家伊曼纽尔·康德对欧美的外交哲学和外交思想具有深刻和长远的影响。霍布斯以悲观主义的人性观和世界观，通过阐述人类无休止追求"权势"的"绝对之恶"和"人人相互为敌"的"自然状态"，得出了国家主权及力量和相互结盟是人类社会减少暴力与死亡的恐惧、维护国际秩序的根本出路。他也是后世西方国际政治理论中"现实主义"学派的重要理论奠基者。康德以乐观主义的人性观和世界观，推导出人类理性对战争的理智反应，阐述人类的进步和追求和平世界的共同利益，宣称"人类永久和平"的时代终将到来。他是后世西方国际政治理论中"国际社会"和"人类共同体"概念的理论奠基者。美国的外交哲学强调"敌人""对手"和"冲突"等，"即使没有冲突，为了其国家利益，美国也可以'定义'冲突。这些年美国到处制造的'颜色革命'就是一例"[1]。

2. 战争与和平观。

战争与和平观是外交哲学中极其重要的原则之一，也是国际社会迄今为止最大的分歧之一。和平是人类永恒的追求，但是翻开古往今来的历史书卷，可以看到其中充满征战与臣服、侵略与反抗、武力与威胁等。在中国传统的战争与和平观中，长期的主流观是对立统一的"两点论"。

"国""家"相依。中国作为一个统一的大国，之所以能在数千年中延绵不断，在很大程度上得益于民族、社会和人民在"国家"问题上的共识，其主流理论内核是"国""家"相依。孟子有言："天下之本在国，国之本在家，家之本在身。"应当说，这位两千多年前的先贤关于"国"和"家"富有哲理的论述至今仍具有现实意义。一方面，"国"代表中华民族的整体利益。无论是在深受自然条件制约和外族屡屡入侵时代，还是现在的综合国力竞争时代，中华民族都需要国家的组织和保障，因此提倡"国而忘家，公而忘私"的价值观。习近平也曾说过："精忠报国，是我一生的目标。"[2]另一方面，聚"家"成"国"。"国"的基础是千千万万的"家庭"和"个人"，所以又要重视家庭和个人的作用。孔子提出的"修身齐家治国平天下"，一直激励着历代志士仁人的"家国情怀"。习近平在许多场合都强调了优秀中华文明所蕴含的"国"和"家"的对立统一关系。他指出："历史告诉我们，每个人的前途命运都与国家和民族的前途命运紧密相连。

---

[1] 郑永年：《中美两种不同的外交哲学》，载《人才资源开发》2016年第8期，第76页。

[2] 《习近平看望少年儿童：精忠报国是一生的目标》，新华网，2014年5月30日，http://news.xinhuanet.com/politics/2014-05/30/c_1110943512_2.htm。

国家好，民族好，大家才会好。"[1]他又号召要"使千千万万个家庭成为国家发展、民族进步、社会和谐的重要基点"。[2]由此可见，"国""家"两者相依互补，这才成就了中国经受历史的考验而生生不息，持续前行。

"和""战"相应。从远古的夏商时期到近代的晚清时期，中国的国家安全和外交一直密切相关。国家追求的目标是"国泰民安"和"天下大同"，无数先贤为此进行不懈的理论研究和学术探讨，形成了富有中国特色的治国理政与和平外交思想，而孔子的"和为贵"和墨子的"非攻"思想即是其集中体现。但是，在"丛林法则"和"零和理论"盛行的年代，在被外敌屡屡入侵和占领的苦难遭遇中，一厢情愿的"唯和平论"不仅行不通，而且是极其有害的。中国古代兵书《司马法》有云："国虽大，好战必亡；天下虽安，忘战必危。"可谓言简意赅、一语中的。

"交""攻"相济。中国的版图自汉唐后基本稳定，农耕经济使中国在疆域问题上基本采取守势，这一态势到元朝和清朝才有较大的变化。中国在处理对外关系上，自古就有"协和万邦"和"讲信修睦"之说，孔子更是提倡"近者悦，远者来"。但如果说，自古以来的中国对外关系只讲友好睦邻的一面，那也是不完全和不客观的。在战国时期，中国的各诸侯国之间常用"近交远攻"和"纵横捭阖"实现力量的重新组合。在汉唐时期，中国在开通和维护丝绸之路时既以强盛的经济和军事实力为后盾，也利用对西域各国的外交对付强敌匈奴。在清朝末年，中国即使在"弱国无外交"的窘境下，还尽力"以夷制夷"而达到存续国家命脉的目的。因此，在论述中国对外关系的"交"和"攻"问题上，不能"一点论"，而要"两点论"，有时还要"多点论"。这样既符合史实，也容易为外人所接受。

中国外交信奉和平哲学，但在中国领导集体中，其重点因时因事而异。毛泽东强调以战争争取与保卫和平。毛泽东是从战争与革命时代走出的中

---

[1] 习近平：《实现中华民族伟大复兴是中华民族近代以来最伟大的梦想》，载《习近平谈治国理政》（第一卷），北京：外文出版社 2014 年版，第 36 页。

[2] 习近平：《注重家庭，注重家教，注重家风》，载习近平：《习近平谈治国理政》（第二卷），北京：外文出版社 2017 年版，第 353 页。

国第一代领导核心，毛泽东的战争与和平观有着他那一代人的特殊印记。一是中国是热爱和平的，但支持正义的战争。毛泽东指出："中国要和平。凡是讲和平的，我们就赞成。我们不赞成战争。但是，对被压迫人民的反对帝国主义的战争我们是支持的。"[1]二是世界大战有两种可能性。毛泽东在 1969 年春曾说过："关于世界大战问题，无非是两种可能：一种是战争引起革命，一种是革命制止战争。"[2]三是中国和世界上争取正义的人民能够赢得战争的胜利。毛泽东指出："无数事实证明，得道多助，失道寡助。弱国能够打败强国，小国能够打败大国。小国人民只要敢于起来斗争，敢于拿起武器，掌握自己国家的命运，就一定能够战胜大国的侵略。这是一条历史规律。"[3]邓小平是第二代领导核心，既有战争与革命时代的丰富经历，也有建设国家与保卫和平的理想抱负。邓小平关于战争与和平问题有三个主要理念和观点。一是在理论上阐述了和平与战争的辩证关系，并且作出了世界大战打不起来的战略判断。1985 年 6 月 4 日，邓小平在中央军委扩大会议上明确指出："过去我们的观点一直是战争不可避免，而且迫在眉睫。……但是（现在）世界和平力量的增长超过战争力量的增长。……在较长时间内不发生大规模的世界战争是有可能的，维护世界和平是有希望的。"[4]二是作出和平与发展时代的战略判断，并且不断以发展促进和平。1985 年 3 月 4 日，邓小平在接见日本客人时指出："现在世界上真正大的问题，带全球性的战略问题，一个是和平问题，一个是经济问题或者说发展问题。"[5]此后，虽然邓小平自己没有正式提出过"和平与发展是时代主题"，但他是支持党的十三大的这一提法的，他在 1989 年 5 月 31 日明确

---

[1] 毛泽东：《支持被压迫人民反对帝国主义的战争》，载中共中央文选研究室编：《毛泽东文集》（第八卷），北京：人民出版社 1999 年版，第 378 页。

[2] 转引自林彪：《在中国共产党第九次全国代表大会上的报告》，http://cpc.people.com.cn/GB/64162/64168/64561/4429445.html。

[3] 毛泽东：《全世界人民团结起来，打败美国侵略者及其一切走狗！》，载中华人民共和国外交部、中共中央文献研究室编：《毛泽东外交文选》，北京：中央文献出版社、世界知识出版社 1994 年版，第 586 页。

[4] 邓小平：《邓小平文选》（第三卷），北京：人民出版社 1993 年版，第 126—127 页。

[5] 邓小平：《邓小平文选》（第三卷），北京：人民出版社 1993 年版，第 105 页。

说："十三大政治报告是经过党的代表大会通过的，一个字都不能动。"[1]
三是提出了军队要忍耐的思想。1985 年 6 月 4 日，邓小平在中央军委扩大
会议上指出："四化总得有先有后。军队装备真正现代化，只有国民经济建
立了比较好的基础才有可能。所以，我们要忍耐几年。"[2]军队要忍耐的思
想具有特定历史条件和特殊的历史作用，它为促进中国国民经济从落后走
向快速发展提供了有效的保证，也为军队现代化建设奠定了坚实的基础。
此后，党中央一直坚持和发展和平发展的主题观以及独立自主的和平外交
路线。习近平担任中共中央总书记不久后就提出："中国走和平发展道路，
其他国家也都要走和平发展道路，只有各国都走和平发展道路，各国才能
共同发展，国与国才能和平相处。"[3]在党的十九大上，习近平重申："中
国决不会以牺牲别国利益为代价来发展自己，也决不放弃自己的正当权益，
任何人不要幻想让中国吞下损害自身利益的苦果。"[4]由此可见，以习近平
同志为核心的党中央在和平发展这一创新观点上的践行和坚持。

3. 价值观。

大国外交哲学中的价值观同中小国家相比，自有其突出和独特之处。
大国的权利、责任和影响要求其外交哲学在价值观问题上更有其历史担当。

"利益永恒"和"义利兼顾"问题。"没有永远的朋友，仅有永远的利
益"，这是 19 世纪英国首相帕麦斯顿说过的一句话，被许多国家奉为外交
圭臬，更成为西方国家在外交上推行丛林法则和以强凌弱的借口。但对于
全球化时代来说，人类和国际社会对此很有必要进行反思，并且在反思的
基础上予以超越。一国外交，自然要基于本国的国家利益，但是也不能忽
视"义"的问题。我们要分清义利关系。就国家利益而言，在许多情况下，
"义"和"利"是统一的，这样的"利"是需要追求和维护的。如第二次世

---

[1] 邓小平：《邓小平文选》（第三卷），北京：人民出版社 1993 年版，第 296 页。
[2] 邓小平：《邓小平文选》（第三卷），北京：人民出版社 1993 年版，第 128 页。
[3] 《习近平在政治局第三次集体学习上的讲话》，载《人民日报》2013 年 1 月 30 日。
[4] 习近平：《决胜全面建成小康社会　夺取新时代中国特色社会主义伟大胜利——在中国共
产党第十九次全国代表大会上的报告》，北京：人民出版社 2017 年版，第 59 页。

界大战后广大前殖民地国家独立后谋求经济和社会发展之利，是符合国际社会公正合理之义的。又如，发达国家通过经济合作的方式在发达国家所取之利，也是符合合作共赢之义的。但是，过分强调"利"或"义"，结果会导致见利忘义或虚义无利。过早或过多地强调国际义务，有时只得"义"之虚名而无实际效果。例如，过早地提出世界革命，结果只能是适得其反。至于过分强调"利"的反面例子，更是不胜枚举。例如，以美国为首的西方国家以其在国际经济机制中的主导地位，坚持维护其一己之利而不顾国际公平公正之义。又如，一些发达国家在气候变化问题上坚拒"共同但有区别的原则"，最终失去了国际道义，也蒙受了气候变化带来的损失。有鉴于此，习近平指出："中国坚持和积极践行正确义利观，讲信义、重情义、扬正义、树道义，愿将中国发展同广大发展中国家共同发展紧密结合起来，共同致力于建立以合作共赢为核心的新型国际关系。"[1]由此可见，利益和道义都是永恒的，在物质利益日益丰富的条件下，道义、信义的永恒性也更加被需要和可能。

"利益升华"和"利义互换"问题。"利益"不是静止的，而是动态的。个体在考虑自身利益时，如将其与群体利益相结合，那么利益就可能超越个体而成为更高的利益。同理，国家将自身利益与全球利益结合起来，也就促成了全球共同利益，并且可以在全球共同利益的基础上获得国家自身的更大利益。反之，如果永远和绝对地将个体利益置于群体、国家和全球利益之上，那么就会导致以邻为壑和损人利己。而且，唯物辩证法还告诉我们，事物是可以相互转换的，"利"在一定条件下是可以转换为"义"的。当一个国家从世界全局出发正确看待和处理自己利益的时候，那么这时的"利"就转换成了"义"。例如，中国在 1997 年亚洲金融危机时坚持人民币不贬值，又在 2008 年全球金融危机中坚持帮助受困国家，这些不仅充分体现了中国负责任大国的风范，也在国际社会树立了"风雨同舟"的新理念，成为当今世界变"利"为"义"的新发展。所以，如果超越个体

---

[1] 习近平：《共同谱写中拉全面合作伙伴关系新篇章》，载《人民日报》2015 年 1 月 9 日。

束缚而以更加宽广和长远的角度看待"利益"问题，那么"道义"和"信义"自然也在其中了。

"义的拓展"和"义的变化"的问题。在外交哲学中，"义"可以理解为"价值观"。一个国家信奉、宣传和维护的价值观也是动态和变化的。一个国家从古到今，价值观在长期发展过程中会有渐变和剧变。经过第二次世界大战和殖民地人民的反抗，英国从"日不落帝国"变为"日薄西山"之国，法国的海外殖民帝国也分崩离析，尽管丘吉尔和戴高乐都曾是叱咤风云的战场英雄，但最后被迫接受无情的现实。时至今日，英国、法国、西班牙、葡萄牙、比利时和荷兰等昔日殖民帝国的价值观都成了历史的回忆。美国在建国时就在外交哲学中树立了"孤立主义"。华盛顿于 1796 年 9 月 17 日向美国人民发表《告别演说》，提出中立、不结盟和不介入欧洲事务的"孤立三原则"，并将孤立主义确立为美国外交的指导思想。但随着美国绝对和相对实力的增长，它在第二次世界大战后以"天命观"代替了"孤立主义"，"天命观"成为美国外交哲学中的主流价值观。即使美国已经从全盛时期的巅峰跌落，但奥巴马 2014 年 5 月 28 日在西点军校毕业典礼上发表的演讲中表示，在未来一百年内，美国还要继续领导世界。[1]

中国外交经过长达两千多年的封建王朝后，在 19 世纪中后期发生剧变，从"泱泱大国的天朝"外交跌落至半封建半殖民地的屈辱外交，同时伴随着外交价值观的变化。身处同样一个清朝，盛世时的乾隆皇帝在 1793 年回复英国国王乔治三世时自称"天朝德威远被，万国来王"，末世时的慈禧太后在 1901 年在向列强宣战失败后的"议和诏书"中说"量中华之物力，结与国之欢心"。两份诏书是不同时期清王朝外交哲学的真实写照。

（二）知行规律的发展轨迹

俗话说，"知易行难"，其实在外交哲学中并不完全适用。一方面，知

---

[1] https://obamawhitehouse.archives.gov/the-press-office/2014/05/28/remarks-president-united-statesmilitary-academy-commencement-ceremony.

其很难。在外交哲学中，"知"是对外交的客观认识，特别是对外交规律的认识。外交在不同时期具有不同的规律。在两千多年前的中华帝国和罗马帝国时代，外交的地域和领域都相当有限，外交的机制和人才也非常缺乏。在当时的环境下，特别是同军事力量相比，外交作用基本上处于从属的地位。随着人类文明程度的增加和进步，外交的作用才日益上升。1648 年威斯特伐利亚体系的建立，标志着欧洲外交机制和体制的基本确立。第一次世界大战后的凡尔赛体系奠定了外交从欧洲走向全球的基础，外交本身的规律也逐步为世人所认识。但直到第二次世界大战期间，外交基本上是大国间的"游戏"，少数欧美国家决定着全球外交的走向。直至此时的外交规律主要是：大国信奉"丛林原则"，列强弱肉强食，广大亚非拉国家沦为殖民地而蒙受压迫和掠夺。第二次世界大战结束后，国际关系和外交出现了新的趋势和新的规律。国家要独立，民族要解放，经济要发展，社会要进步，成为世界上大多数国家和人民的期望和追求。联合国在 1945 年成立时成员国只有 50 个，现在已经接近 200 个。更为重要的是，外交已经打破了欧美国家的垄断，广大发展中国家和非国家行为体正在发挥日益重要的作用。随着国际形势的深刻变化和外交行为体及外交事务的激增，外交的广度、深度和难度已是人类社会以前任何时期所无法比拟的。当代的外交中有许多因素仍处于酝酿和变化的过程，有许多事态和势态尚不清楚，因而要发现和把握其规律的难度是可想而知的。

另一方面，行则更难。外交哲学具有一定的特殊性，就是外交非常强调它的应用性。外交哲学不是茶余酒后的空谈，而是需要实践的检验。外交哲学需要在外交实践中加以总结，又要以此指导外交的实践。它的难处主要表现在以下三个方面。一是"行"的规律不易总结。外交的自变量和他变量特别多，外交的时间性和保密性都很强。外交的互动目前主要还是依靠国家最高领导人和外交职能部门做出判断，而这样的判断总会发生这样或那样的偏差。美国总统小布什发动阿富汗和伊拉克两场战争以及法国总统萨科奇出兵利比亚，都是判断失误的典型事例。二是"行"的结果难以预测。外交的"行"中蕴含着众多的不确定因素。在 2016 年美国大选中，一些国家把对选后美国的外交押在希拉里当选而陷入了外交上的被动。2016 年的英国脱欧、意大利的修宪公投等也是同样道理。三是"行"需要新的思维和新的方式。当前相当一部分国家的外交受选举驱动，难以从战略和全局上加以讨论和规划，往往在外交上急功近利或迷失方向。但是，如果决策者和行为者具有总结历史经验和预见未来的洞察能力，还是可以行之有效的。20 世纪 30 年代，当欧洲殖民国家似乎还是坚不可摧之时，埃塞俄比亚皇帝海尔·塞拉西一世决然起兵反抗。他于 1935 年 9 月 13 日在国联发表了名震世界的演讲，控诉意大利的入侵，同时坚信埃塞俄比亚人民必将获得最终胜利。20 世纪 60 年代末和 70 年代初，中美两国政治家和外交家根据他们丰富的外交经验和前瞻的外交眼光，认为中美"解冻"符合历史发展的潮流，从而实现了中美关系的正常化。

（三）主要议题的发展轨迹

在地理大发现后的 500 年中，当时大国的主要议题是国内发展、国外殖民以及大国之间势力范围的争夺等。第二次世界大战后的大国主要议题是东西方阵营的对立与缓和、世界经济的复苏和发展以及避免第三次世界大战，特别是核大战的爆发。20 世纪 80 年代末和 90 年代初，冷战结束后的大国关系聚焦在应对国际体系嬗变（国际新秩序问题）、以国际恐怖主义与气候变化为代表的全球性挑战（非传统安全）和以互联网为代表的信息革命所导致的政治和社会变化等。此后，2008 年的全球金融危机又使全球化、逆全球化、反全球化和去全球化问题成为世界主要大国的主要内政外交议题之一，需要在深刻的理论分析和有效的实践基础上予以应对。

三、 当代中国的外交哲学

中华民族在漫长的发展进程中逐步产生和发展了外交思想理论，春秋战国时代的诸子百家对中国的外交哲学具有长远和深刻的影响。1840 年的鸦片战争和 1917 年的十月革命又传来了国外的外交哲学、理论和理念，它们使近现代中国外交哲学出现新的震荡。中华人民共和国成立后，特别是改革开放后，中国外交哲学又进入了新的思考和发展阶段。

（一）历史回顾和当代意义

中国外交哲学源远流长，但正如马克思的名言所示："以往的哲学家只是解释世界，而问题在于改造世界。"[1]中国外交哲学的出发点和归宿点都是指导当代的中国外交实践和服务于世界和平与发展事业。

1. 中国对外关系的基本原则和价值观。

中国既是具有五千年文明传统的古国，又是在近现代饱受西方列强欺侮压迫的国家，还是新兴的发展中大国，更是坚持共产主义理想的社会主义国家，多重背景形成了当代中国对外事务的基本原则和价值观，也是中国和西方国家的重要区别。"独立自主""合作共赢""中国梦""人类命运共同体"以及对非洲的"真、实、亲、诚"和对周边的"亲、诚、惠、容"等理念，充分体现了中国外交对理想的追求和对原则的坚持。而"大小国家一律平等""不干涉内政""正确的义利观"等又体现了中国历来所坚持的价值观。在中国和许多国家的共同努力下，上述基本理念和价值观正在超越国家疆域而成为国际社会的共识，"和平共处五项原则"和"同舟共济"思想等已经成为许多国家的外交基本原则和价值观。2017 年 2 月 10日，联合国社会发展委员会第 55 届会议协商一致通过"非洲发展新伙伴关系的社会层面"决议，呼吁国际社会本着合作共赢和构建人类命运共同体的精神，加强对非洲经济社会发展的支持。这是联合国决议首次写入"构建人类命运共同体"理念。[2]2017 年 3 月 23 日，联合国人权理事会第 34次会议通过关于"经济、社会、文化权利"和"粮食权"两个决议，决议明确表示要"构建人类命运共同体"。这是人类命运共同体重大理念首次

---

[1] [德]卡尔·马克思：《关于费尔巴哈的提纲》，载《马克思恩格斯选集》（第一卷），北京：人民出版社 2012 年版，第 136 页。
[2] 《"构建人类命运共同体"首次写入联合国决议》，新华网，2017 年 2 月 12 日，http://news.xinhuanet.com/world/2017-02/12/c_129476297.htm。

载入人权理事会决议，标志着这一理念成为国际人权话语体系的重要组成部分。[1]

2. 存在、意识和知行规律。

不言而喻，外交哲学既要研究客观的外交（存在），又要研究外交的理念和理论（意识），还要研究外交存在和意识的互动（知行）规律。中国外交哲学包含中国元素，但又必须同世界汇成一体。中国外交哲学同维护国家核心利益具有一致性。外交哲学通过践行应当能更好地维护和推进国家利益，特别是核心利益。与此同时，中国外交哲学同维护世界和平发展也具有一致性。中国外交哲学重在研究存在和意识的相互关系，努力在世界事务、国际关系和中国外交中总结规律，并以此把握大势和顺应时代潮流，提倡以合作共赢为核心的新型国际关系，推动国际体系和国际秩序朝着更加公正合理的方向发展。就知行关系而言，外交哲学是抽象的，外交工作则是具体的，在实践中发展并接受实践的检验。但是，这并不是说，中国的外交已经完全实现了外交哲学的基本原则和价值观，因为在具体外交操作中，中国必须与现实世界妥协，也必须在与现实世界互动中更新基本原则和价值观，在中外哲学互动中进一步提高和发展。

3. 需要解决的根本性问题。

中国外交哲学源于实践但又超越外交上的具体事务，集中分析、研究和解决根本性和趋势性问题。在当前及今后相当长时期内，中国外交哲学主要研究以下三个问题。第一，当代国际关系和世界事务的主要任务。中国认为当前世界政治多极化、经济全球化、文化多样化、信息社会化，这"四化"无疑把握了问题的本质，但在它们的主要矛盾或矛盾的主要方面因势、因时而不同，需要研究共性，更需要研究个性，在区别中把握特定时期的主要任务。第二，时代潮流的促进和维护。中国哲学思想强调把握天下大势和顺应时代潮流，中国外交哲学重视总结时代潮流的原则。但是，

---

[1]《人类命运共同体重大理念首次载入联合国人权理事会决议》，新华网，2017 年 3 月 24 日，http://news.xinhuanet.com/world/2017-03/24/c_129517029.htm。

中国的时代潮流说比较宏观，有时不免泛泛而谈，很少言及中观和微观层面。第三，中国作为正在崛起的新兴大国，需要走出一条"前无古人、后启来者"[1]的历史正道。中国既要以历史经验教训为鉴，深刻探寻人类社会发展的轨迹和规律，又要与时俱进，进行外交哲学建构和外交实践创新，在应对挑战和解决问题中不断进步。

（二）内外条件变化和国家国际需要

外交哲学的基本属性是物质的，源于并服务于国家现实和发展的需要，在全球化时代还需要全球观。当前，中国外交哲学内外基础条件正在发生如下的重大变化。

1. 外交哲学的内部条件变化。

中国外交哲学的国内条件主要发生了三大变化。第一，国家发展的变化。中国外交必须服务于国家的经济社会发展。在奔向小康的第一阶段（1979—2000 年），中国经济贫穷落后的特征特别明显，中国外交的一个主要任务是为实现经济连续翻番的目标服务。在全面实现小康时期（2001—2020 年），中国已经成为发展中大国和世界第二大经济体，这一国情要求中国外交向纵深发展，为中国的道路、理论、制度和文化服务。此后，还要根据党的十九大提出的"两步走"的宏伟蓝图而提出新的外交目标。第二，外交参与和外交决策变化。中国外交决策机制正在变化，组建了国家安全委员会和"一带一路"领导小组等新机制。中国涉外智库的影响正在增加，社会媒体成为新的平台，民众和利益集团成为影响外交的新因素，国家外交参与和决策变得更加复杂。第三，外交思维多样化。当代中国除官方和主流外交思维外，还存在许多非主流外交思维。党的十八大以来，中国加强了外交思维和理念建设，强调马克思主义指导下的外交主旋律和主渠道。但不可否认的是，民粹主义和极端民族主义的影响也在不断上升，形成了

---

[1]《习近平同美国总统奥巴马共同会见记者》，新华网，2013 年 6 月 8 日，http://news.xinhuanet.com/world/2013-06/08/c_116092643.htm。

主流和非主流相互竞争和影响的新态势。

2. 外交哲学的外部条件变化。

中国外交哲学的国外条件也发生了三大变化。第一，中国国际地位的提高使中国定位变化。中国是发展势头强劲的新兴大国，在经济上从发展中国家向发达国家水平过渡，在政治上坚持中国特色社会主义制度，在文化上正在适应时代变化而创新发展。过渡期的基本特点之一就是变化多和变化大，而且，定位调整将在外交的原则和价值观、互动规则规范以及处理重大问题等方面产生联动效应。因此，中国是否会从发展中国家群体"毕业"，成为国际社会关注的重大议题。第二，中国持续增长的综合国力引起以美国为首的西方国家的战略警惕，它们在国际关系的原则、理念和重点等方面不断对华施压，在安全问题上加大遏制力度，在经济问题上加强规则规范制约，在社会和生态等发展问题上要求中国承担更多的责任和义务。在可预见的未来，这些趋势将会加强。第三，中国外交哲学的国际环境变化。在相对落后的条件下，中国外交哲学同国际社会交流不多，以批评当时国际主流外交哲学为主。但当中国走近世界舞台中央时，中国需要在哲学思想、理论理念、战略政策以及应对世界重点和难点问题上做出更多正面回应，提出中国的主张和方案。鉴于当前国际力量对比的现实，中国在外交哲学上兼具同行者和创新者的双重身份，需要在应对各种复杂的挑战中承担多层次的责任和义务，提升外交、国际关系和全球事务的话语权。

3. 内外条件交叉叠加的新需求。

在全球化时代，中国外交哲学不仅要在内外条件变化中与时俱进，还要面对内外条件日益合为一体而形成的新挑战。

第一，外交哲学的超国家性。哲学研究的范畴远远超出一国边界，中国是世界的重要组成部分，但毕竟只是世界的一部分。因此，中国哲学需要走向世界并为世界所认识。包括外交哲学在内的中国哲学自成体系并具有强烈的自身特色，但在内外互动中要妥善处理特殊性和普遍性的关系。中国学界需要加大对中国哲学的再认识和再总结，中国政界也要加大与外国同行的思想文化层次的交流，目前学界和政界的国际哲学交流还需要在广度和深度上做出更大的努力。在国际上，以美国为首的西方国家还把持着国际哲学的主导权，排斥中国哲学进入国际哲学主流。即使在广大发展中国家，它们的哲学体系和理念主要还是认可和认同以美国为首的西方国家的。由此可见，中国哲学加强与国际哲学的互动关系依然任重而道远。

第二，内外融为一体的变量特点。外交哲学代表国家或文明的世界观和价值取向，可分为传统存量和当代变量。传统哲学是存量，具有超稳定性。当前和未来哲学发展是变量，是活跃因素。一般来说，存量存异和变量求同，是中外哲学求同存异和化同为异的有效途径。为此，中国政界和学界都要研究中国外交哲学变量的特点和趋势，如基本理念从物质推向非物质拓展，从国家利益走向全球利益，从线性思维变为多向思维等。只有深刻认识到变量的特点，才能把握变量趋势，最终找到解决问题的突破点和建构共处共生的新条件。如果实现了这一点，那么事实上也就是对存量的调整和发展。

第三，释放外交哲学的能量。在新形势下，中国外交哲学需要走出"经院"和结合实践。首先，借助"互联网＋"条件开拓视野。当前的信息技术革命正在改变着世界各国和人民的生产、生活和思维方式，外交哲学不应被动无为，而要主动塑造，使科技为我所用，增加思想和实践的广度和深度。其次，紧密结合中外实践，推动哲学创新。当代外交实践丰富多彩但又纷繁复杂，政界和学界都需要主动参与和积极思考，在外交上形成良好的学习氛围和哲学创新精神。而且，如果改革开放前30年是以创造财富物质为主，那么今后数十年就更应该是理论和哲学的大发展时期。古代先贤的哲学思想固然博大精深，但今人的实践和条件远远超过他们的时代，因而有必要也有可能在新实践中有新的理论和哲学发展。最后，重视外交哲学对外交实践的指导意义和引领作用。再好的外交哲学，如果不去指导外交实践，那么最多只有学术意义。当前，中国外交的参与者几何级数般地增长，但思想理论教育并没有相应跟上，哲学尚未成为亿万民众参与外交的武器，理论也没有成为普遍的指导。因而需要全国上下加强学习习近平新时代中国特色社会主义思想，善于总结，深化认识，在思想认识上形成新的飞跃，不断丰富与当前和未来外交实践相适应的外交哲学，并以此指导实践，实现中国外交实践和哲学的现代化。

（三）基本立场和方法

中国外交哲学的基本立场和方法就是历史唯物主义和辩证唯物主义，但是在纷繁复杂的利益取舍和以美国为首的西方国家的思潮的冲击下，中国在坚持和发扬基本立场和方法时需要在实践和理论上进行更加艰苦的探索，在把握时代大势和辩证应对挑战的基础上，赢得更大的历史主动和思想提高。

1. 把握时代大趋势。

中国外交哲学强调历史、系统和全面地分析国内外形势，在总结时代趋势中发现和运用规律。

第一，总结历史并赋予其新的时代内涵。中国尊重历史和遵循历史轨迹，同时根据形势发展而重新认识和诠释历史。中国在分析当前形势和规划未来方向时，十分强调认识历史的本质和超越历史的局限。党的十八大以来，习近平多次指出，要超越以美国为首的西方国家"国强必霸"和新兴大国与既成大国必有第一次世界大战的"修昔底德陷阱"，建设"前无古人，后启来者"的新型大国关系。在纪念和平共处五项原则60周年时，中国将其重新诠释为"一个开放包容的国际法原则，集中体现了主权、正义、民主、法治的价值观"。[1]中国在纪念亚非万隆会议60周年时又提出要"不断赋予其新的时代内涵，推动构建以合作共赢为核心的新型国际关系，推动国际秩序和国际体系朝着更加公正合理的方向发展，推动建设人类命运共同体"。[2]这些新论述体现了中国的历史观和现实观的有机结合，表明

---

[1] 习近平：《弘扬和平共处五项原则　建设合作共赢美好世界——在和平共处五项原则发表60周年纪念大会上的讲话》，新华网，2014年6月28日，http://news.xinhuanet.com/world/2014-06/28/c_1111364206.htm。

[2] 习近平：《弘扬万隆精神　推进合作共赢——在亚非领导人会议上的讲话》，新华网，2015年4月22日，http://news.xinhuanet.com/world/2015-04/22/c_1115057390.htm。

了中国既尊重历史的基本立场和方法，又根据时代变化而提升原有的认识。

第二，把握时代脉搏和顺应时代潮流。党的十八大把世界趋势总结为"世界多极化、经济全球化、文化多样化和信息社会化"。[1]习近平在中央外事工作会议上强调："认识世界发展大势，跟上时代潮流，是一个极为重要并且常做常新的课题。"[2]他还强调"和平、发展、合作、共赢的时代潮流更加强劲"。[3]习近平在党的十九大报告中又进一步指出："当前，国内外形势正在发生深刻复杂变化，我国发展仍处于重要战略机遇期，前景十分光明，挑战也十分严峻。"[4]分析形势走势和顺应时代潮流是中国外交哲学和外交实践的交汇点。在外交哲学上，中国强调顺势而为的重要性。在外交实践方面，中国外交总基调"稳中求进"则是最好的体现，主张分步渐进和水到渠成。

第三，强调乘势而上和主动造势。中国在准确判断世界发展大势的同时，重视发挥优势，主动造势，避免或弥补劣势。中国的"乘势"和"造势"是基于对形势客观分析基础上的主动，也是根据需要和可能做出的战略部署，更是体现了中国外交哲学中的整体和联动思维。中国根据国际力量对比有利于新兴大国的新形势，加强了国际体系和国际秩序的改革力度，特别在世界经济和全球金融的建章立制和机制创新方面表现突出。在奥巴马总统执政时期，中国根据美国在东亚和亚太地区强化"再平衡"的战略态势变化，沉着应对但不迎头相撞，通过高峰会晤、机制对话、合作竞争、既斗争又妥协等途径，稳定了中美关系。而且，中国还跳出去"外线"作战，以"一带一路"倡议为动力，在中亚、西亚和南亚地区积极开展经济

[1] 胡锦涛：《坚定不移沿着中国特色社会主义道路前进　为全面建成小康社会而奋斗——在中国共产党第十八次全国代表大会上的报告》，新华网，2012 年 11 月 17 日，http://news.xinhuanet.com/18cpcnc/2012-11/17/c_113711665.htm。

[2] 《习近平出席中央外事工作会议并发表重要讲话》，新华网，2014 年 11 月 29 日，http://news.xinhuanet.com/ttgg/2014-11/29/c_1113457723.htm。

[3] 习近平：《弘扬万隆精神　推进合作共赢——在亚非领导人会议上的讲话》，新华网，2015 年 4 月 22 日，http://news.xinhuanet.com/world/2015-04/22/c_1115057390.htm。

[4] 习近平：《决胜全面建成小康社会　夺取新时代中国特色社会主义伟大胜利——在中国共产党第十九次全国代表大会上的报告》，北京：人民出版社 2017 年版，第 2 页。

与政治外交。此外，中国通过中国-东盟合作机制、中非合作论坛、中阿（拉伯）合作论坛、中国-拉共体论坛等实现了中国和广大发展中地区合作的全覆盖，在更加广泛的地域和领域推动世界和平、发展、合作、共赢的时代潮流。

2. 辩证应对挑战。

辩证法是中国外交哲学精髓之一。中国外交强调化挑战为机遇，正确处理局部和全局的关系，突出抓主要矛盾或主要矛盾方面的"重点论"。

第一，积极推进挑战和机遇的正向转化。中国外交哲学向来重视抓住和善用机遇。时任总书记江泽民 2002 年 5 月 31 日在中央党校省部级干部进修班毕业典礼上发表的重要讲话中指出："纵观全局，二十一世纪头一、二十年对我国来说，是必须紧紧抓住并且可以大有作为的重要战略机遇期。"[1]这就是为党的后来历届代表大会所肯定的"战略机遇期"。在 21 世纪头 20 年里，中国在很大程度上是抓住和善用战略机遇的，特别是善用"9·11"事件之后的国际合作反恐和 2008 年全球金融危机之后的国际经济合作。今后，随着中国特色社会主义的不断成功和治国理政的巨大成就，中国内生性的战略机遇将会更多，也将更加重要。

第二，正确处理局部和全局的关系。中国外交哲学历来强调以大统小和小中见大，平衡处理局部和全局、当前和长远、国家和世界等关系。但是，在全球化和信息化时代，许多政府和民众往往更加关注不断涌现的事件案例。在许多情势下，大众所关注的未必就是最根本和最重要的问题。为此，中国外交就更需要发挥其体制和机制优势，在解决当前和长远问题、局部和全局问题、重点和非重点问题上具有平衡能力和哲学智慧，在权衡利弊中趋利避害，作出最为有利的战略抉择。近年来，中国外交积极应对气候变化，务实推进国际金融机制改革、强调世界经济增长，管控领土（海）纠纷，建构亚太地区的合作框架。由此，中国外交在辩证法指引下，

---

[1]《江泽民在中央党校省部级干部进修班毕业典礼上强调　高举邓小平理论伟大旗帜　全面贯彻"三个代表"要求　与时俱进努力开创建设有中国特色社会主义事业新局面》，载《人民日报》2002 年 6 月 1 日。

提高了驾驭复杂局面和处理复杂问题的能力。

第三，新条件下的"重点论"。中国外交哲学不仅重视事物对立统一的"两点论"，而且强调"重点论"，即抓住主要矛盾和/或主要矛盾方面。[1]在国内矛盾进入叠加期、改革进入深水区和国际挑战面上升的特定环境下，中国需要对内更加强调中央权威和对外更加果断。"重点论"回应了中国外交的新要求，体现了当代中国外交哲学的新特点。中国在发展对外关系时，在重要外交问题上态度更加鲜明，向国际社会传递的信息也更加清晰。例如，中国强调中外都要走和平发展道路。又如，中国在国家总体安全问题上更加强调国内维稳与国际维权。再如，中国在面对以美国为首的西方国家挑战时更加强调实际反击等。所有这些，在信息高度甚至过度发达的内外条件下，中国的"重点论"显得尤为必要。

---

[1] 习近平在中央外事工作会议上关于形势的分析就是很典型的表述："要充分估计国际格局发展演变的复杂性，更要看到世界多极化向前推进的态势不会改变。要充分估计世界经济调整的曲折性，更要看到经济全球化进程不会改变。要充分估计国际矛盾和斗争的尖锐性，更要看到和平与发展的时代主题不会改变。要充分估计国际秩序之争的长期性，更要看到国际体系变革方向不会改变。要充分估计我国周边环境中的不确定性，更要看到亚太地区总体繁荣稳定的态势不会改变。"习近平：《中国必须有自己特色的大国外交》，载习近平：《习近平谈治国理政》（第二卷），北京：外文出版社2017年版，第442页。

中国共产党百年外交理论的哲学底蕴和战略思维[*]

中国共产党在其百年光辉历程中，积极投身于认识世界和改造世界的伟大实践，不仅始终学习和运用马克思主义理论，同时吸收一切中外优秀文化成果，而且不断提高自身的实践和理论自觉性，通过哲学建构和持续深化不断强化战略思维，从而创造性地丰富和发展了中国特色外交理论，为外交领域的中国化马克思主义作出了历史性的贡献。

一、 中国共产党外交的基本哲学思想

中国共产党自建党以来，始终坚持共产主义的伟大理想，确立和发展其价值观，坚持历史唯物主义和辩证唯物主义的立场、观点、方法，形成了新中国在对外关系和外交领域的基本哲学思想，对丰富和发展马克思主义中国化作出了重要的贡献。

（一）坚持共产主义理想和社会主义价值观

中国共产党具有明确而伟大的奋斗目标，以共产主义理想指导中国外交，为实现中华民族的伟大复兴和促进世界的和平发展事业，沿着中国特色社会主义道路和朝着共产主义的方向奋勇向前。

第一，坚持外交分阶段地服务于共产主义的最高纲领。党的一大通过

　＊　原文载《国际观察》2021 年第 4 期，第 1—17 页。

的纲领，表明中国共产党从建党伊始就旗帜鲜明地把实现社会主义、共产主义作为自己的奋斗目标。党的二大制定了党在民主革命阶段的最低纲领和渐次达到共产主义的最高纲领。[1]党在成长和成熟的历史发展进程中，不断根据世情和国情的发展变化，在外交方面提出了不同的阶段性目标并以梯次递进的方式加以落实。

第二，党的外交思想和国家对外工作目标有机统一。中国共产党外交哲学指导着国家外交的总体思想，两者的最终目标具有一致性，但又有各自的重点，相互促进，相辅相成。中国共产党在取得全国政权之前，把打倒列强、联合世界上一切被压迫民族以及争取自身的独立和解放列为中国对外关系的主要目标，厘清了反帝反殖反法西斯、建立和建设社会主义国家以及共产主义之间的逻辑关系。中华人民共和国成立后，先后提出过加强社会主义阵营、团结第三世界/发展中国家共同进步以及建立国际政治经济新秩序等阶段性目标，旨在推动伸张正义和秉持公正的国际道义以及和平发展的时代潮流不断向前发展。在党的十八大以后，习近平又先后倡导了利益共同体、责任共同体和命运共同体，"构建人类命运共同体"也被写入了《中国共产党章程》和《中华人民共和国宪法》。

第三，中国共产党外交的世界观（即辩证唯物主义）[2]始终指导着国家外交的价值观。"外交价值观是国家主体对与他国以及国际社会关系的认识、判断和评价，是一国在其外交实践和外交政策中所秉持关于国家利益、伦理追求及其实现方式的基本理念、根本原则和核心追求组成的体系。"[3]在新中国70多年的发展历程中，独立自主、主权平等、公正合理、和平发展、合作共赢、综合安全等价值观相互联系、相互促进，共同构成了中国外交的主要价值观，并与中国特色社会主义核心价值观体系交相呼应，形

---

[1] 中共中央党史研究室：《中国共产党历史第一卷（1921—1949）》（上册），北京：中共党史出版社2011年版，第68、79页。
[2] 《习近平在中共中央政治局第二十次集体学习时强调　坚持运用辩证唯物主义世界观方法论　提高解决我国改革发展基本问题本领》，载《人民日报》2015年1月25日。
[3] 徐正源、王昶：《培育中国特色的外交价值观》，载《学习时报》2017年7月10日。

成了有机结合的整体。

（二）坚持科学方法论

外交是内政的延续，但两者的特点和难点不尽相同。中国共产党推进外交工作往往面临许多不确定和不可知因素，不仅需要坚持科学方法论，而且要在相对渐进的实践进程中逐步减少盲目性和增加自觉性。

第一，坚持实事求是原则，加强调查研究。中国共产党在外交工作中从哲学的高度研究国情、世情及其相互关系，不仅要明确时代赋予的主要使命，而且要把握历史发展的规律。毛泽东、邓小平和习近平等都强调外交工作必须遵循实事求是原则，要充分领会其中的哲学原理，要加强调查研究，要始终坚持一切从实际出发。在此思想指导下，外交领域调查研究的成果不断转化为中国外交战略和外交政策，因而成为新中国成立后外交工作的一大亮点。

第二，坚持科学的思辨方法。中国共产党的外交思想把马克思主义哲学和中国传统哲学以及所有世界其他国家哲学思想的精华有机结合起来，通过运用历史思维、整体思维、辩证思维、系统思维、战略思维和创新思维等科学的思想方法，在独立自主和相互依存、政治正确和经济发展、团结朋友和减少敌人、立足本国和胸怀世界、立足当前和着眼未来等重大外交问题上，始终坚持对立统一和辩证应对的科学方法，从而解决了许多急难险重的重大问题，不仅有力地推动了新中国的外交从无到有、从小到大和从弱到强，而且还让中国在当今世界舞台上成为推动世界和平发展的一支重要战略力量。

第三，坚持整体把握和重点突破的方法。中国共产党的外交思想坚持以全局、大局和长远的视野看问题，即从整体上把握事物的发展趋势，正确处理全局与局部的关系，把握问题的关联性、协调性，因而能够在坚持和发展中国特色大国外交时进行创新思考，通过寻求新思路开创新境界新局面。此外，中国共产党的外交思想由于充分认识到了其历史任务的艰巨性和长期性，因而特别强调抓住关键、找准重点和明确主攻方向，始终坚持集中力量解决主要矛盾。例如，在国际格局中抓住关键的大国；在世界经济中重视内外两大市场或两大循环；在全球治理中强调发挥发展中大国的作用；等等。

（三）坚持以人为本和造福世界

马克思主义哲学认为，人既是发展的主体，也是发展的目的。为此，中国共产党在外交上始终坚持和落实"人本"哲学，并为中国和世界人民的福祉而不懈努力奋斗。

在革命战争时期，中国共产党及其领导下的人民军队为解放被压迫的人民而浴血奋战，毛泽东将此总结为"紧紧地和中国人民站在一起，全心全意地为中国人民服务，就是这个军队的唯一的宗旨"。[1]例如，在艰苦的抗日战争和世界反法西斯战争中，"作为东方主战场，中国付出了伤亡3 500多万人的民族牺牲，抗击了日本军国主义主要兵力，不仅实现了国家和民族的救亡图存，而且有力支援了在欧洲和太平洋战场上的抵抗力量，为赢得世界反法西斯战争胜利作出了历史性贡献"。[2]

在抗美援朝与援越抗美等问题上，中国出于国家利益和国际主义的双重考虑，不惜为此承担了巨大的国际主义义务，甚至是民族牺牲。此外，在新中国的第一个30年，"中国克服自身困难，为支持其他发展中国家争取民族独立和发展民族经济提供了最大限度的支持，奠定了新中国与广大发展中国家长期友好合作的坚实基础"。[3]

改革开放以来，在综合国力不断提升的情况下，中国应当为人类作出较大贡献的伟大理想正在逐步成为现实。邓小平指出："贫穷不是社会主义，社会主义要消灭贫穷。不发展生产力，不提高人民的生活水平，不能

［1］毛泽东：《毛泽东选集》（第三卷），北京：人民出版社1990年版，第1039页。
［2］习近平：《习近平谈治国理政》（第二卷），北京：外文出版社2017年版，第521—522页。
［3］国务院新闻办公室：《中国的对外援助》，http://www.scio.gov.cn/zxbd/nd/2011/document/896471/896471_1.htm。

说是符合社会主义要求的。"[1]江泽民强调："党的一切工作，必须以最广大人民的根本利益为最高标准。"[2]胡锦涛指出："科学发展观，第一要义是发展，核心是以人为本。"[3]习近平不仅"坚持以人民为中心的发展思想"，而且还在外交领域倡导了"共商共建共享"和"造福人类"等理念，"中国人民张开双臂欢迎各国人民搭乘中国发展的'快车'、'便车'"。[4]

二、 中国外交核心理念的哲学意蕴

在中国共产党外交理论的百年建设进程中，我们始终在用马克思主义和中国优秀传统思想不断丰富中国外交的哲学意蕴。1963年4月，周恩来会见埃及部长执行委员会主席阿里·萨布里（Ali Sabri）时说："我们中国人办外事，就是根据这样一些哲学思想。这些哲学思想，来自我们的民族传统，不全是马列主义的教育。"[5]中国外交的重要核心理念拥有丰富的中国化马克思主义的哲学意蕴，始终指导着中国外交基本立场的确定和发展方向。

（一）坚持联系发展的整体观

马克思主义哲学认为，世界是相互联系的统一整体，而相互联系和相互作用有力地推动着事物运动、变化和发展。在马克思主义哲学指导下，中国共产党外交哲学在百年历程中不断地提升全面地而不是片面地、系统地而不是零散地、普遍联系地而不是孤立地、发展地而不是静止地观察、分析和解决问题的自觉性。例如，中国共产党在新民主主义革命时期，就

［1］ 邓小平：《邓小平文选》（第三卷），北京：人民出版社1993年版，第116页。
［2］ 江泽民：《江泽民文选》（第三卷），北京：人民出版社2006年版，第280页。
［3］ 胡锦涛：《胡锦涛文选》（第二卷），北京：人民出版社2016年版，第623页。
［4］ 习近平：《习近平谈治国理政》（第三卷），北京：外文出版社2020年版，第484页。
［5］ 崔奇主编：《周恩来政论选》（下册），北京：中央文献出版社、人民日报出版社1998年版，第907页。

开始不断地把中国国内革命斗争进程和世界革命进程进行整体联系和总体思考，努力在世界被压迫民族的解放斗争中不断推进中国的民族解放和国家独立。新中国成立以后，中国共产党高度重视内政与外交以及中国与世界的互动关系，不仅主张爱国主义和国际主义的相互结合，而且强调政治、经济、军事等的内在逻辑关系协调和外在表现与作用的综合运用。在 20 世纪和 21 世纪交替之际，中国共产党又在"整体外交"基础上提出了"总体外交"的理念，并特别强调了内外两个大局的统筹。党的十八大以来，中国外交理论的整体性和全面性理念不断提升。2018 年 6 月，习近平在中央外事工作会议上又提出"要树立正确的历史观、大局观、角色观"。[1]综上所述，整体观强调联系、发展和开放，因而能站在理论和战略的高度总揽风云变幻的国际形势，把握纷繁复杂的外交、外事工作的主动，顺应并推动时代潮流不断向前发展。

（二）坚持综合平衡的利益观

中国共产党是在中国人民争取国家独立、民族解放和反对帝国主义侵略压迫的环境中诞生的，在维护和发展国家利益、结合和平衡内外利益的过程中不断发展与成熟起来，从而确立了中国外交综合平衡的利益观。

中国共产党外交理论的利益观主要由国家利益观和国际利益观组成。邓小平指出："考虑国与国之间的关系主要应该从国家自身的战略利益出发。"[2]中国的国家利益可分为三个层次：核心利益、重要利益和一般利益。中国当前的核心利益包括：国家主权、国家安全、领土完整、国家统一，以及中国宪法所确立的国家政治制度和社会大局稳定、经济社会可持续发展的基本保障。[3]

中国共产党领导的国内革命斗争是国际共产主义运动和广大被压迫民

---

［1］习近平：《习近平谈治国理政》（第三卷），北京：外文出版社 2020 年版，第 427 页。
［2］邓小平：《邓小平文选》（第三卷），北京：人民出版社 1993 年版，第 330 页。
［3］国务院新闻办公室：《中国的和平发展》（白皮书），http://www.scio.gov.cn/zfbps/ndhf/2011/Document/1000032/1000032_3.htm。

族求翻身求解放斗争的重要组成部分。新中国成立后，中国共产党成为执政党，国际主义在其外交思想中占有相当重要的地位。例如，周恩来1950年10月24日在政协第一届全国委员会常委会所作的题为"抗美援朝，保卫和平"的报告中明确指出："中朝是唇齿之邦，唇亡则齿寒。朝鲜同志在困难的时候，我们应当发扬革命的道义。"[1]又如，美国在1964年8月初以"北部湾事件"为由将战火扩大到越南北方，中国政府在8月6日即发表声明："美国对越南民主共和国的侵犯，就是对中国的侵犯，中国人民绝不会坐视不救。"[2]

改革开放后，中国在走向世界时把中国人民的利益同所有世界其他国家人民的共同利益更加紧密地结合起来，不断扩大同各方利益的汇合点。例如，中国在1997年亚洲金融危机时毅然承担起国际义务，坚持人民币不贬值，有效遏制了金融危机的恶化和蔓延；在2008年全球金融危机时，中国不仅力挽狂澜，而且通过改革国际经济体系提升了发展中大国的话语权。

党的十八大以来，习近平在承继中国外交的优良传统的基础上提出了正确义利观，指出："要坚持正确义利观，做到义利兼顾，要讲信义、重情义、扬正义、树道义。"[3]正确义利观特别强调中国要永远做发展中国家的可靠朋友和真诚伙伴，体现了中国作为一个社会主义国家、一个负责任大国的理念与风范。例如，在抗击新冠疫情中，中国不仅强调国际合作，而且尽自己最大努力提供国际公共产品，为国际社会抗疫防疫作出了重大的贡献。

（三）坚持与时俱进的时代观

中国共产党外交理论的时代观是其对时代发展总趋势和逻辑演进规律

---

［1］ 中共中央文献研究室编：《周恩来传》（四），北京：中央文献出版社2018年版，第923页。

［2］ 中共中央文献研究室编：《周恩来年谱（1949—1976）》（中卷），北京：中央文献出版社1997年版，第663页。

［3］ 习近平：《习近平谈治国理政》（第二卷），北京：外文出版社2017年版，第443页。

的根本观点，中国共产党以此认识世界总体形势和处理中国与世界的互动关系。

在建党后的相当长时期里，中国共产党从理论和实践上都认同列宁提出的"革命与战争"的时代观。毛泽东长期运用"战争与革命"的时代观，积极开展以武装斗争为主的革命运动，领导中国人民打败了日本侵略者，推翻了国民党反动派的统治，驱逐了帝国主义在华势力，建立了中华人民共和国。毛泽东还创造性地提出了新民主主义理论和社会主义建设理论，并以此指导中国开展独立自主的外交实践，推动世界社会主义革命和民族解放运动的发展。

党的十一届三中全会开启了中国改革开放的新征程，邓小平对战争与和平问题的认识有了里程碑式的新发展，并对世界和平与发展问题作出了一系列的精辟论述。在邓小平科学判断的基础上，党的十三大提出"和平与发展是当代世界的主题"[1]，党的十四大又进而表述为"和平与发展是时代的主题"[2]。这一时代观经受住了此后的历史考验，成为中国共产党对世界大势和时代潮流的基本判断之一。

党的十八大以来，中国共产党根据国际形势的发展和变化，坚持认为和平发展仍是当今时代主题，但更多强调了不确定不稳定因素上升以及前所未有的挑战。习近平多次强调："我们坚信，和平与发展是当今时代的主题，也是时代的命题，需要国际社会以团结、智慧、勇气，扛起历史责任，解答时代命题，展现时代担当。"[3]在此思想指导下，中国在反全球化和逆全球化思潮中成为坚持多边主义理念、推进全球治理建设的中流砥柱，在美国特朗普政府的打压围堵中不断巩固和发展"朋友圈"，在百年未遇的新冠疫情暴发时倡导"人类卫生健康共同体"。凡此种种，都是对时代命题交出的出色答卷。

---

[1] 江泽民：《江泽民文选》（第一卷），北京：人民出版社2006年版，第242页。

[2] 江泽民：《江泽民文选》（第二卷），北京：人民出版社2006年版，第39页。

[3] 参见习近平：《携手共命运　同心促发展——在二〇一八年中非合作论坛北京峰会开幕式上的主旨讲话》，载《人民日报》2018年9月4日。

（四）坚持公正合理的国际体系观

如果说，利益观是中国共产党外交思想的立足点，时代观是其使命方向，那么国际体系观则是其认识和改造世界的重要途径。百年来，中国共产党的国际体系观经历了革命抗争、参与建设、改革引领等历史性转变和创新。

一般认为，近代国际体系始于 1648 年的威斯特伐利亚体系，中国先是游离于外，后又深受其害，长期处于被支配地位。中国共产党在建党时期就强烈批判凡尔赛-华盛顿体系，揭露英国、法国、美国等西方列强通过国联和华盛顿会议上达成的《九国公约》等手段来扩大自身利益、损害被压迫民族的合法利益。中国共产党在抗日战争时期作为世界反法西斯的重要力量登上国际舞台，为建立第二次世界大战后的国际秩序作出了重要贡献。

新中国成立后，长期被以美国为首的西方国家排斥在当时的国际体系之外。中国于 1971 年恢复在联合国的合法席位后，经过 30 年的努力，以 2001 年正式加入世界贸易组织为标志，基本实现了与国际体系关系的正常化。进入 21 世纪以来，中国加快了走近世界舞台中央的步伐，成为"现行国际体系的参与者、建设者、贡献者，同时也是受益者"。[1]中国在承认现有国际体系的前提下，也开始从实际需要和思想理论上不断加大对改革国际体系的探索与创新力度。

党的十八大以来，习近平在国际体系和全球治理的理论体系化方面又有了重要的发展。他强调："全球治理格局取决于国际力量对比，全球治理体系变革源于国际力量对比变化。我们要坚持以经济发展为中心，集中力量办好自己的事情，不断增强我们在国际上说话办事的实力。我们要积极参与全球治理，主动承担国际责任，但也要尽力而为、量力而行。"[2]习近平的有关论述不仅对中国参与和改革国际体系具有重要的指导意义，而且

---

[1]《习近平同美国总统奥巴马会晤》，载《人民日报》2015 年 9 月 26 日。
[2] 习近平：《习近平谈治国理政》（第二卷），北京：外文出版社 2017 年版，第 449 页。

为今后国际体系理论建设指明了前进的方向。

三、 中国外交战略的哲学思想发展

中国外交的战略思想是指中国对本国和世界关系互动的基本看法、系统思考和观念体系，是指导中国外交制定主要目标和基本政策的理论基础。中国共产党外交战略思想的一个重要特点就是特别强调哲学的指导、支持、聚智等意义和重要性。在此思想指导下，中国在外交上不仅重视哲学研究，还充分利用哲学阐释和哲学判断在更深和更高层次上抓住国际事务的本质，更加有效地规划部署和落实党和国家的有关战略政策。

（一）不同时期的外交哲学具有不同的主题思想

中国共产党外交思想根据实事求是的基本原则，在四个不同历史时期倡导目标明确而且特征鲜明的外交哲学主题思想，并以此统一全党全军全国的思想理念与奋斗目标。

第一，在新民主主义革命时期，中国共产党外交哲学的主题思想是"革命求生存"。中国共产党号召和组织的反帝反殖反封建斗争就是为了国家和民族的生存，也是通过革命求得本身的存在和发展。因此，中国共产党外交思想聚焦革命路线，批判帝国主义、资本主义和殖民主义的压迫理论，提倡推翻旧世界和建设新世界的革命理论，并将其上升到马克思主义哲学的高度。

第二，在社会主义革命和建设时期，"斗争求承认"成为中国共产党外交哲学的主题思想。毛泽东认为："资产阶级的政治家说，共产党的哲学就是斗争哲学。一点也不错。不过，斗争形式，依时代不同而有所不同罢了。"[1]在新中国成立后的30年间，中国共产党领导全国人民先是通过与

---

[1] 中共中央文献研究室编：《毛泽东年谱（1949—1976）》（第四卷），北京：中央文献出版社2013年版，第154页。

美国的斗争，迫使美国在 1954 年的日内瓦会议上承认了中国的大国地位，之后又通过与苏联霸权主义政策的斗争，坚持了中国独立自主的外交政策，同时通过与苏联和美国的斗争与妥协，成为"大三角"战略关系中举足轻重的力量，最后通过推进国际经济新秩序，为中国和广大发展中国家争取了更多的权益。凡此种种，都体现了中国共产党外交的斗争性及其斗争成果——国际社会对中国政治经济地位的承认。

第三，在改革开放和社会主义现代化建设新时期，"和平求发展"成为中国共产党外交哲学新的主题思想。据此，中国不仅倡导了和平发展的外交路线，改善了与美国、日本、欧洲国家、苏联（俄罗斯）等大国的关系，而且顶住了苏东剧变、"颜色革命"和"阿拉伯之春"这些惊涛骇浪的剧烈冲击，并在 2010 年后稳居世界第二大经济体的地位。"和平求发展"的外交哲学向世界昭示了中国始终不渝地坚持和平发展道路的决心和能力，在扩大"和为贵"与"协和万邦"等中国传统哲学思想的国际影响力的同时，有力地批判了"弱肉强食""赢者通吃"和"国强必霸"等西方外交哲学思想和强权政治理念。

第四，在党的十八大以来的中国特色社会主义新时代，"强大求共赢"成为中国共产党外交哲学的主题思想。当前，中国比历史上任何时期都更接近实现中华民族伟大复兴的宏伟目标，也比历史上任何时期都更接近世界舞台的中央，在"强起来"的历史发展进程中大力倡导和践行"天下为公"思想，不仅增加了构建新型国际关系的哲学内涵，而且加大了对构建人类命运共同体的哲学支持。

（二）中国的外交战略具有知行合一的哲学意蕴

在厚植中国外交战略的哲学意蕴过程中，马克思主义关于理论联系实际的哲学思想得到了进一步的落实，中国强调知行合一的优秀传统得到了发扬光大，中国的哲理和智慧也得到了充分的体现。

中国共产党的外交战略体现了知行合一、实事求是的哲学思想。毛泽东指出："马克思主义看重理论，正是，也仅仅是，因为它能够指导行动。

如果有了正确的理论，只是把它空谈一阵，束之高阁，并不实行，那末，这种理论再好也是没有意义的。"[1]1949 年以前，中国共产党的外交战略主要是通过改造中国来达到改造世界的目的，体现了革命需要积聚和发展力量的深度哲学思考。1949 年以后，中国共产党不仅坚持实事求是的哲学观，而且坚持在与国际社会互动中认识世界和影响世界，在不同阶段奉行不同的外交战略。例如，新中国外交一开始聚焦加强社会主义阵营力量这一战略目标，然后强调依靠第三世界和团结第二世界来共同反对霸权主义这一战略目标，之后又转向联合广大发展中国家建设国际经济和政治新秩序这一战略目标，等等。诚然，中国的外交战略的制定和落实因受到各种内外条件变化因素的影响和限制，难免会出现失误现象，也会经历挫折，但总的来说，知行合一的哲学思想始终在指导中国外交战略，这不仅可以使其更加符合客观实际，而且可以令战略目标在实践中得以实现。

党的十八大以来，马克思主义中国化的哲学指导思想得到进一步加强，中国外交的战略视野更加宽广，中国外交的战略眼光更加深邃，中国外交的战略格局因而也更加宏大。习近平外交思想是新的历史时期马克思主义哲学的重要发展，习近平强调："我们要深入分析世界转型过渡期国际形势的演变规律，准确把握历史交汇期我国外部环境的基本特征，统筹谋划和推进对外工作。"[2]例如，构建人类命运共同体需要在实践过程中不断加强经验总结，在理论建设中不断强化深层次的哲学思考，力求找出从理念构想到现实行动的理论逻辑和实践逻辑，推动我们在与其他世界观的交流交锋中形成比较优势，从而科学回答世界从哪里来和向哪里去的当代重大哲学命题。

（三）对外交战略和国际格局的哲学思考

国际格局体现了世界主要力量对比的战略态势，是世界各国特别是大

---

[1] 毛泽东：《毛泽东选集》（第一卷），北京：人民出版社 1991 年版，第 292 页。

[2] 习近平：《习近平谈治国理政》（第三卷），北京：外文出版社 2020 年版，第 428 页。

国就重大国际问题进行战略定位的重要依据。百年来，中国共产党不仅经历了四次重大的国际格局变化，而且在每一次重大国际格局变化过程中都能够善用哲学思考来正确应对国际局势的变化，并及时有效地处置重大国际挑战。

第一，第一次世界大战后的国际列强格局和反法西斯联盟。第一次世界大战后，世界处于英美霸权的交替时期，英国、法国和美国等西方列强不仅主导了凡尔赛-华盛顿体系，还一开始就将社会主义苏联排斥在这一国际体系之外。因此，在列宁关于帝国主义政治经济发展不平衡规律的哲学思想指导下，中国共产党同当时共产国际等世界上的"非主流"力量一起，为改变西方列强主导的国际体系和国际秩序而进行了长期和艰苦的斗争，而这种斗争显然有助于非西方国家在世界反法西斯战争（第二次世界大战）中不断强化自身在世界力量对比中的战略态势。

第二，第二次世界大战后的两极格局和三个世界理论。第二次世界大战后，世界形成了分别以苏联和美国为首的社会主义阵营和资本主义阵营。以毛泽东为代表的中国共产党人通过运用辩证法和发展论不断加深认识和掌握当时国际格局变化的规律，作出了向苏联"一边倒"的战略决策，其目的是要依托社会主义阵营，使新中国在世界舞台上站稳脚跟。1956年苏共二十大后，中国根据国际形势和中苏两党两国关系的变化逐步拉开了与苏联的距离，从而有效维护了党和国家的独立自主地位。20世纪60年代末70年代初，中国依据苏联在世界各地的扩张行为以及其对中国和世界和平的威胁，及时将其列为国际反霸斗争的最主要目标。与此同时，中国还逐步确立了中美苏"大三角"战略思想，提出了三个世界划分的理论，不仅为当时的两极格局添加了多极因素，而且不断推动多极力量的增长，从而为国际体系、国际格局和国际秩序逐步摆脱超级大国的控制和主导创造了重要的条件。

第三，冷战后的"一超多强"格局和国际体系改革。美国在冷战结束之后最初十年建立"单极霸权"格局下的世界新秩序图谋失败后，被迫在"一超多强"的战略态势下处理国际关系和世界事务。2008年全球金融危机后，国际战略态势开始出现朝着对美国不利的方向发展的迹象，中国和一些发展中大国愈益成为国际体系和国际秩序的积极改革者，在不断推动全球经济治理朝着更加公正合理的方向前进的同时，也开始积极推动国际战略态势朝着国际多极化的方向发展。

第四，当前是国际多极化向多极格局的关键转折期。在"一超多强"的战略态势下，推动国际格局多极化是实现多极格局的重要前提条件，因为没有国际格局的多极化，就不可能形成多极格局。当然，这样的国际格局变化不是简单的量的变化，而是结构性和实质性的变化，因为国际主要力量对比正朝着相对均衡的方向加速前进，现在国际格局多极化正处于多极格局形成前的关键转折期。随着国际格局开始发生带有根本性变化的转折，国际体系的主导权扩散也在加速进行，多边主义的全局性和战略性也更加突出。当前，多边主义力量不仅要继续同单边主义力量进行斗争和竞争，而且要坚决挫败形形色色的"伪多边主义"力量，特别是那些与包容性多边主义相对立的"排他性多边主义"，以及与合作性多边主义相对立的"竞争性多边主义"。

四、结语

当前，世界处于百年未有之大变局的前期，国际形势复杂多变，国际问题和国内问题相互交织影响，不确定因素和不可预测因素急剧增多，传统和非传统安全问题不断地威胁着人类的生存，国际社会在国际体系、世界秩序、全球治理的建设中面临越来越多的前所未有的挑战。

在此背景下，中国的内外环境和对外关系更加复杂，中国的外交任务更加沉重和艰巨，因而需要中国共产党人进行更加深刻的哲学思考，坚决避免形而上学和片面主观现象的发生。在马克思主义中国化哲学的指导下，中国共产党人在审视外交问题时要有立体、多元、跨越时空的视角，要更加全面认识时间与空间、应然与实然、目标与条件等相互关系，要始终顺应历史进步的潮流和把握时代主题与命题的本质。唯有如此，我们才能看清并超越林林总总的具体表象，在更高和更深的哲学层次上观察和分析国内外形势并探寻解答时代命题之道。

中国共产党领导下的中国外交在今后的新征程中，需要加大哲学支撑的力度，不断提升善用哲学智慧的能力。为此，我们不仅需要继续坚持马克思主义哲学的基本立场、观点、方法，还要与时俱进地加强外交哲学建设，在世界观、辩证法、价值观、历史观、大局观和角色观上有所创新、有所建树，以便使其更加有效地指导中国的外交实践和理论建设。例如，我们在确立中国外交在新时代的历史方位时，不仅需要把握中国外交工作的重点和节奏，而且还要在综合平衡战略目标和战略能力的基础上制定具有前瞻性但又可行的外交政策。又如，我们在推进中国特色大国外交时，既要遵循国际事务发展的一般规律，并为此做好长期的量变积累和耐心转化的工作，也要抓住稍纵即逝的可能机遇，借此加快实现质变的飞跃，争取为中华民族的伟大复兴和中国现代化强国建设创造更加有利的内外条件。

马克思主义哲学哺育了中国外交哲学，厚植了中国外交战略思想，二者的有机结合迸发出了哲学的时代光芒，丰富和发展了马克思主义的基本哲学观。当前，世界正处于百年未有之大变局这一新形势中，无疑对中国的外交哲学提出了新的使命和任务。为此，中国在与所有世界其他国家在外交理论和理念的交流、交汇和交锋中，不仅需要更加自觉地运用和推介中国化的马克思主义哲学，以使之更加当代化、普遍化和大众化，而且需要与其他国家一起建设当代国际关系的新哲学，只有如此，我们才能在更广和更深的层次上推动人类命运共同体建设。

试析美国以中国为主要威胁的思想溯源和理论依据[*]

美国是世界头号强国，自诩拥有全球超一流的自然科学、人文科学和社会科学，但为何在"世界属于全体人类和整个国际社会"以及"与中国为敌将自食恶果"等常识问题上却屡屡犯错呢？其中一个重要原因就是美国对华思想理论出了问题。

2017年12月，美国特朗普政府抛出一系列战略性文件，公开把中国定性为美国最大的威胁和最主要的对手。2021年1月，拜登政府上台后不仅在对华问题上不知改弦更张，而且变本加厉，把围堵和打压中国的战略在实施落地的方向上加速推进。如果美国在错误的道路上一意孤行而使美中关系继续恶化，那么世界就有可能重蹈覆辙，陷入冷战乃至热战。为此，我们不仅要列举中美关系中的具体问题，而且要从哲学思想、历史观和世界观、战略理论等方面追根溯源和扬清激浊，在更深的层次上分析原因并有效应对和主动引导。

一、缺乏长度和深度的历史观

美国是一个在当代所有大国中建国历史最短然而霸权持续时间却很长的国家。作为相对年轻的大国，美国的历史包袱不多并富有创新精神，但因缺乏历史的长度和深度，特别是"美国例外论"，使其难以吸取世界和本国的历史经验教训。

---

* 原文载《国际展望》2023年第1期，第1—23页。

（一）不见殷鉴的历史观

在世界数千年的大国兴衰史的研究方面，美国的研究自有其努力和成就。从华盛顿总统到奥巴马总统，中间亦有有识之士和客观现实之论，至于专家学者的相关著作更是不胜枚举。例如，罗伯特·吉尔平（Robert Gilpin）受国际公共产品概念启发形成了霸权稳定论。吉尔平指出，当霸权国维持国际秩序的成本大于收益时，将逐渐走向衰落，而新兴大国挑战守成大国、寻求改变当前国际秩序的意愿也将变得更为强烈。[1]奥根斯基（A.F.K. Organski）提出的权力转移论认为，后发国家的实力因工业而得到迅速提升，并对既有国际权力结构产生不满从而向霸权国家发出挑战。[2]保罗·肯尼迪（Paul Kennedy）则提出，过度扩张是霸权国家衰亡的主要动因。为维持对外扩张，霸权国势必将国内生产重心向国防安全领域倾斜，这将挤占经济生产活动所需资源，进而导致经济发展受到拖累，国家实力遭到削弱。[3]亨利·基辛格（Henry Kissinger）在其《大外交》（Diplomacy）一书中指出："仿佛是根据某种自然法则，每一个世纪总会出现一个有实力、有意志且有智识和道德动力的强国依其价值观来塑造整个国际体系。"[4]乔治·莫德尔斯基（George Modelski）便将基辛格所观察到的大国兴衰更替归纳为长周期理论。该理论认为，世界领导国家主导国际体系的周期约为一个世纪，即两个康波周期。[5]随着霸权国国力日衰，单极化权力结构逐渐松动分散，最终在一场全球战争后产生新的领导国家。[6]但即便如此，由于美国受其思想理论窠臼的束缚，难以从世界和本

［1］ Robert Gilpin, "The Theory of Hegemonic War", *The Journal of Interdisciplinary History*, Vol.18, No.4（Spring, 1988），pp.591—613.

［2］ A.F.K. Organski, *World Politics*, New York: Alfred A. Knopf, 1958.

［3］ Paul Kennedy, *The Rise and Fall of the Great Powers: Economic Change and Military Conflict from 1500 to 2000*, New York: Random House, 1987.

［4］ Henry Kissinger, *Diplomacy*, New York: Simon & Schuster, 1994, p.1.

［5］ George Modelski, "Kondratieff (K-) Waves in the Modern World System", in Leonid Grinin et al. eds., *Kondratieff Waves: Dimensions and Prospects at the Dawn of the 21st Century*, Volgograd: "Uchitel" Publishing House, 2012, pp.65—76.

［6］ George Modelski, *Long Cycles in World Politics*, London: Palgrave Macmillan, 1987, pp.100, 135.

国的经验教训中形成比较客观科学的历史观。

1. 天命论的优越感。

一是美国自称是"上帝的选民"而创造了美国的历史。自清教徒移民抵达北美以来，肩负上帝使命，实现"山巅之城"理想的意识便深深根植于美国人的灵魂。而随着自身的成长壮大，美国也愈发相信自己有着其他国家无法比拟的优秀品质。美国著名文学家赫尔曼·梅尔维尔（Herman Melville）在《白外套》（*White-Jacket*）中便清晰无误地表达了作为上帝的选民的骄傲。他写道："我们美国人是独特、被选中的民族；我们是当代的以色列；我们拥有世界自由的方舟……上帝已经注定，人类期待着我们做出一番伟大事业；我们的灵魂也对此感同身受，我们肩负着作为世界自由避难所的责任。"[1]而莱因霍尔德·尼布尔（Reinhold Niebuhr）更是一针见血地指出，美国人的自我认知中带有"美利坚民族是上帝造就来创造人类历史新开端的"这一宗教因素。[2]二是英美霸权下的盎格鲁-撒克逊人优越感的传承。盎格鲁-撒克逊优越论广泛存在于美国社会之中，在这一思想的驱动下，美国人认为自己与血统相同的英国理应齐心协力，共同推广先进文明，领导世界事务。1836年，《里士满问询报》（*Richmond Enquirer*）在报道阿拉莫战役时质疑墨西哥军队能否"战胜勇敢而坚定"的得克萨斯人，因为"他们的血管里流淌着盎格鲁-撒克逊人的血液"。[3]1839年《纽约先驱报》（*Morning Herald*）则称，"盎格鲁-撒克逊人注定要统治整个西半球"，因为"盎格鲁-撒克逊人种"的使命是建立"全世界自由的政府、自由的制度和文明的最高等级"。[4]三是美国和西方的制度和成就优越感。自建国以来，美国骄傲于自身政治制度有别于欧洲"旧大陆"的落后专制体

[1] Herman Melville, *White-Jacket*; *or*, *The World in a Man-of-war*, New York: Harper & Brothers, 1855, pp.180—181, https://www.loc.gov/item/07017946/.

[2] Arthur M. Schlesinger Jr., *The Cycles of American History*, Boston: Mariner Books, 1999, p.19.

[3] *Richmond Enquirer*, Vol.15, April 1836, *Chronicling America*: *Historic American Newspapers*, Library of Congress, https://chroniclingamerica.loc.gov/lccn/sn84024735/1836-04-15/ed-1/seq-3/.

[4] Morning Herald, Vol.11, June 1839, *Chronicling America*: *Historic American Newspapers*, Library of Congress, https://chroniclingamerica.loc.gov/lccn/sn83030312/1839-06-11/ed-1/seq-2/.

制，并对其保持着超常的信心，以至于认为它是最完美的制度体系。这一优越感在冷战结束时达到了顶峰，弗朗西斯·福山（Francis Fukuyama）彼时认为西方自由民主制或是人类社会演化的终点，是人类政府的终极形式。

2. 弱肉强食的丛林法则。

源自欧洲社会达尔文主义的丛林法则对美国战略界的影响具体表现在以下三个方面。一是没有天下为公的政治思想。美国自开国以来便将国家利益置于国际利益之上，美国国父华盛顿在给开国元勋亨利·劳伦斯（Henry Laurens）的信中直言不讳道："从人类历史经验中总结出的金科玉律是，我们唯一相信的是各国一定从其国家利益出发行事。"[1]现实主义国际关系理论的奠基人汉斯·摩根索（Hans J. Morgenthau）同样认为，国家间的外交互动本质上是利益和权力之间的角逐，他呼吁美国外交应信奉实力至上原则，因为"外交若无实力为后盾，则是软弱无力的"。[2]二是美国继承了欧洲"宁为海盗不为农夫"的传统思想。不少历史研究者认为，英属北美殖民地的建立与私掠船制度密不可分。[3]私掠船的实质是国家支持的海盗行为，其背后充斥着丛林法则的强盗逻辑。英国是海上私掠文化的发源地，美国受其潜移默化影响，通过宗教手段为其开疆辟土过程中所实施的掠夺、屠杀行为披上了"道义"的外衣。[4]三是与英国、法国、西班

---

[1] "From George Washington to Henry Laurens, 14 November 1778", in Edward G. Lengel, (ed.), *The Papers of George Washington*: *1 November 1778—1714 January 1779*（*Volume 18*）（*Revolutionary War Series*）, Charlottesville: University of Virginia Press, 2008, pp.149—152.

[2] Hans J. Morgenthau, *In Defense of the National Interest*: *A Critical Examination of American Foreign Policy*, New York: Alfred A. Knopf, 1951, pp.241—242.

[3] 参见 Mark G. Hanna, *Pirate Nests and the Rise of the British Empire*, *1570—1740*, Chapel Hill: University of North Carolina Press, 2017; William R. Polk, *The Birth of America*: *From Before Columbus to the Revolution*, New York: Harper Perennial, 2006; Jason Acosta, *Piracy's Influence in the Atlantic World*, Gainesville: University of Florida, 2005。

[4] Henry Clay, "Toast and Response at Public Dinner", May 19, 1821, in James Hopkins and Mary W.M. Hargreaves, eds., *The Papers of Henry Clay*, *Volume 3*, *Presidential Candidate*: *1821—1824*, Lexington: University Press of Kentucky, 1963, p.80; Ernest Lee Tuveson, *Redeemer Nation*: *The Idea of America's Millennial Role*, Chicago: University of Chicago Press, 1968, p.125; Amy S. Greenberg, *A Wicked War*: *Polk*, *Clay*, *Lincoln*, *and the 1846 U.S. Invasion of Mexico*, New York: Knopf, 2012, pp.268—269.

牙、俄国等国的博弈以及对亚非拉国家的侵略掠夺。建国后，美国便开始走向对外扩张之路，先是利用"门罗主义"将美洲划为禁脔，并不断运用谈判、购买，甚至战争的方式来吞并领土及殖民掠夺。1803 年以来，美国陆续从英国、法国、西班牙、墨西哥、俄国等国手中夺取大片领土和海外殖民地。约翰·奥沙利文（John O'Sullivan）还因此提出了臭名昭著的"昭昭天命"论，成为美国对外侵略的"科学依据"。追本溯源，美国的价值观由输赢观所主导，这种文化基因一直深刻影响着美国的内政外交。在扩张领土、谋求区域乃至全球霸权的过程中，美国都充分展现出为了攫取利益而不择手段的底色。

3. 以美为尊的学术思想。

美国学界历史观的基本特征是试图寻求世界的普遍规律或价值，主流理论流派均侧重于寻求历史中隐藏的共性机理或者发展方向。虽然有些美国的理论学说在分析问题和政策实践上有着值得肯定的正面意义，但是整体上仍然没有摆脱西方中心史观思维的束缚，美国学者在考察历史时自觉或不自觉地将西方史作为世界演进的历程和经验，缺乏对世界其他地区历史的客观研究。而且，美国国际关系学界的众多理论创新来源于欧洲的经典理论思想。例如，现实主义学说的前提假定中相当一部分直接来源于奥古斯丁、马基雅维利、霍布斯等人关于权力与政治的推论。理想/自由主义学说则受洛克和康德等思想家的理论影响颇深。此外，西方古典哲学思想也对美国国际关系理论的构建起了重要的作用。有鉴于此，代表性学者的主要理论大多服务于美国获取和维系霸权的企图。为实现这一目标，美国学者在不同的历史背景下形成了具有鲜明时代特色的理论。作为地缘政治理论的重要分支，马汉的海权论首次提出了一个广义的"海权"概念，并将海权视为国家强大的决定性条件。[1]在该理论指导下，美国成功崛起为一个商业、军事帝国。在国际格局发生变化的背景下，基辛格的均势理论

---

[1] Alfred Thayer Mahan, *The Influence of Sea Power Upon History, 1660—1783*, London: Sampson Low, Marston, Searle, and Rivington, 1889, p.1.

构想由两极均势演化为多极均势，但两者本质上都致力于营造一个有利于美国利益的国际秩序。在思考后冷战时期的世界新秩序时，基辛格建议美国在欧亚等地区建立全球大国均势体系，以维护美国在全球的主导地位。[1]布热津斯基的地缘战略论同样以巩固美国世界领导权为核心目标，他在《大棋局——美国的首要地位及其地缘战略》（*The Grand Chessboard*：*American Primacy and Its Geostrategic Imperatives*）一书的结论中明确指出："当务之急是确保没有任何国家或国家的联合有能力将美国赶出欧亚大陆，或显著削弱美国在这一地区的关键性仲裁作用。"[2]

（二）固执己见的当代史观

20世纪是美国国力登峰造极的世纪。美国自恃是两次世界大战和冷战的"胜利国"，对战后世界的大势和趋势视而不见，并形成了以维护其霸权为特征的当代历史观。

1. 领袖主导观。

《联合国宪章》强调"大小各国平等权利之信念"，但作为其主要起草者之一的美国却不以为然。阅遍战后美国的官方文件，充斥其间的都是"美国领导世界"的言辞。从杜鲁门总统到拜登总统，无一例外。杜鲁门将朝鲜战争视作共产主义对"自由世界"的挑衅与试探，美国作为"自由世界"领袖，理应进行坚决反击。[3]杜鲁门随后更是以此借口下令军事干涉扩大至中国台湾地区[4]，以守护所谓的"永不沉没的航母"。艾森豪威尔利用多米诺骨牌理论作为干涉亚洲民族解放运动的借口[5]，并成为日后美

---

[1] Henry Kissinger, *Diplomacy*, New York：Simon & Schuster, 1995.

[2] Zbigniew Brzezinski, *The Grand Chessboard*：*American Primacy and Its Geostrategic Imperatives*, New York：Basic Books, 1997, p.198.

[3] Harry S. Truman and Robert H. Ferrell, *The Autobiography of Harry S. Truman*, Boulder：University Press of Colorado, 1980.

[4] "Statement by the President, Truman on Korea", June 27, 1950, History and Public Policy Program. Digital Archive, Public Papers of the Presidents, Harry S. Truman, 1945—1953, http://digitalarchive.wilsoncenter.org/document/116192.

[5] "Public Papers of the Presidents of the United States：Dwight D. Eisenhower", 1954, pp.381—390.

国对外政策的一大指导依据。拜登政府 2022 年 10 月发表的《国家安全战略》（National Security Strategy）报告也通篇充斥着"领导世界"的话语，明确强调要继续担当国际关系的领袖。[1]

2. 经济霸权观。

美国战略精英界很早便认识到，美国主导建立的国际经贸制度是其扩大对外贸易、保持经济增长的根本保障。在杜鲁门政府担任副国务卿的威廉·克莱顿（William L. Clayton）认为，重建世界经济秩序、恢复和平与繁荣的关键便是在美国的领导和支持下发展自由开放的国际贸易体系。[2]第二次世界大战后，美国谋求实现世界经济霸权这一目标主要表现在组织机制、规制话语、美元主导、经济分工等方面。由怀特计划衍生而出的布雷顿森林体系不仅设立了国际货币基金组织与世界银行，更是和随后应运而生的马歇尔计划共同确立了美元霸权地位。两大全球性金融机构及在美国推动下达成的关税及贸易总协定，成为构建以美国为中心的国际经贸体系的支柱力量。同时，美国还通过加权投票制、"重大事项85%以上多数通过"等国际机构规则安排，以及一系列国内贸易法规政策进一步巩固其经济制度霸权。制度上的绝对话语权帮助美国在布雷顿森林体系解体后仍然保持绝对的经济优势。

3. 战争万能观。

第二次世界大战结束以来，美国几乎每隔十年就会发动或参与相当规模的战争，如 20 世纪 50 年代的朝鲜战争、60 年代的越南战争、70 年代的越南抗法战争、90 年代的海湾战争和科索沃战争，21 世纪初的伊拉克战争、10 年代的利比亚战争等。这些战争的根源便来自美国用战争换取和平的谬论，而这以正义为名来合理化战争的错误逻辑在美国战略文化中可谓

---

[1] The White House, "National Security Strategy", October 2022, https://www.whitehouse.gov/wp-content/uploads/2022/10/Biden-Harris-Administrations-National-Security-Strategy-10.2022.pdf.

[2] William L. Clayton, "The Importance of International Economic Relations to World Peace", *Proceedings of the Academy of Political Science*, vol.22, no.1, 1946, pp.96—107.

根深蒂固。被公认为"进步主义者"的老罗斯福总统认为,文明种族的扩张对世界和平至关重要,否则好战的野蛮人将引发无休止的战争。而 19 世纪和 20 世纪之交对外战争的减少,应完全归功于文明种族强大的实力,它们战斗的本能逐渐给世界带来和平。[1]而约翰逊总统在谈及美国为何发起越南战争时表示,在他经历过的两次世界大战和朝鲜战争中,美国皆为自由而战。而在付出了沉重的代价后,"我们认识到撤退无法带来安全,软弱不会带来和平"。[2]不难看出,美国战争万能观的本质是为其战争行为和侵略政策合理化服务的"道德外衣"。

(三)自恋式的未来史观

美国对世界未来走向判断的基准点主要不是世界数千年的文明史,而是美国 250 年的发展史,以个体代替全体的思维必然导致错误的未来史观。

1. 美国的未来史观基本决定了世界的未来史观。

首先,美国相当重视研究世界未来的发展,为此而发表的报告和著作名列世界前茅。但是,美国未来学存在方向性问题,因而研究结果往往南辕北辙。例如,美国未来学大家阿尔温·托夫勒(Alvin Toffler)将追逐权力默认为国家和人类的本性,信奉冲突不可避免论[3],并将物质实力作为衡量一个国家甚至个人权力的关键标准。[4]其次,美国以欧洲式记忆的"修昔底德陷阱"论解读世界历史,又以当代的胜利者和未来的决定者展望历史。受此影响,相关学者把美国看作理所当然的"世界领导者"[5],进

---

[1] Theodore Roosevelt, *Expansion and Peace*, in *The Independent*, December 21, 1899.

[2] Lyndon B. Johnson, The President's News Conference Online by Gerhard Peters and John T. Woolley, The American Presidency Project, https://www.presidency.ucsb.edu/node/241349.

[3] [美] 阿尔温·托夫勒:《权力的转移》,刘江等译,北京:中共中央党校出版社 1991 年版,第 488 页。

[4] [美] 阿尔温·托夫勒:《第三次浪潮》,朱志焱等译,北京:生活·读书·新知三联书店 1983 年版,第 71—89 页。

[5] [美] 阿尔温·托夫勒:《权力的转移》,刘江等译,北京:中共中央党校出版社 1991 年版,第 468 页。

而推导出后发国家的崛起或将引起守成大国的敌意。[1]最后，美国的政治未来观和科幻未来观相互补充，主要把未来世界看成零和博弈以及地球人与外星人之间的战争。美国对外星人虽然不乏正直友善"他者"的形象建构，但更普遍的做法却是采用对抗性的二元对立叙事模式。美国的《异形》系列、《独立日》、《环太平洋》等具有代表性的电影都以外星人威胁地球文明作为故事主线，尤其是《独立日》中对世界各国在美国带领下一致对外、战胜外星人场景的刻画，更是体现了美国根深蒂固的霸权思维。这些文艺作品充分暴露出了美国迷信零和博弈、偏执寻找假想敌的错误政治安全观。

2. 美国对未来的总体展望和基本设想反映出其固守冷战思维和意识形态的偏见。

根据已经公开发表的美国智库报告来看，美国对未来的总体展望是全球权力格局将加速演变，中国已重新确立全球大国地位，并寻求在国际社会中发挥更大的影响力；随着中美在各领域的竞争愈发激烈，中国试图挑战甚至重塑当前美国主导的国际秩序，并破坏地区和全球稳定。[2]对此，美国设计的基本应对思路是，在自己全球战略收缩的同时，进一步加强对华的施压围堵。一方面，美国应缩减国际承诺，内外政策则以服务国内经济议程为目标，巩固加强自身战略竞争力；另一方面，美国应与传统盟友和伙伴国家保持合作，领导建立强有力的政治、经济、军事和科技同盟，确保国际体系和权力变革的趋势朝着有利于以美国为首的西方国家的发展。[3]

3. 美国试图通过制华遏华保持未来霸权。

随着美国在各领域的领先优势逐渐被缩小，美国战略家和政客非但不

---

[1] 参见 John Naisbitt, *High Tech High Touch*: *Technology and Our Search for Meaning*, Boston: Nicholas Brealey Publishing, 2001, p.xvi; 赵启正、[美] 约翰·奈斯比特、[奥] 多丽丝·奈斯比特：《对话：中国模式》，北京：新世界出版社 2010 年版。

[2] National Intelligence Council, "Global Trends 2040: A More Contested World", March 2021, https://www.dni.gov/index.php/gt2040-home/emerging-dynamics/international-dynamics.

[3] Center for Strategic and International Studies, "The Future of the International System", August 2021, https://www.csis.org/analysis/future-international-system.

正视自身面临的问题，反而试图通过转移视线、转嫁矛盾的方式对中国进行围堵打压，缓解失落焦虑情绪，维系美国霸权。2022 年 5 月 26 日，美国国务卿布林肯就拜登政府对华政策发表演讲，他指出，中国是唯一一个"不仅具有重塑国际秩序意图"，又因为日益增强的经济、外交、军事和技术力量而"有能力"这么做的国家，因此美国把中国当作对国际秩序"最严重的长期挑战"。[1]

二、"唯美独尊"的国际关系理论

美国的国际关系理论自有其正确或相对正确的部分，正是这些理论指导了美国的向上奋斗和向前进步。但是，同样的理论在不同的背景下却在加速美国的衰退，并使美国将美中关系的主流由合作推向竞争，甚至对抗。

（一）围绕着美国主导权的"三大主义"

在美国的国际关系理论中有现实主义、自由主义和建构主义三大流派，但就其本质而言，都是为美国霸权和领导权服务的"主义"，也为美国将中国视为对手提供了理论依据和行动指南。

现实主义为美国追求和捍卫霸权提供了理论上的正当性和指导原则。现实主义理论奠基者汉斯·摩根索提出，国际政治是追逐权力的斗争，无论国际政治的终极目标是什么，权力总是它的直接目标。[2]第二次世界大战结束后，美国凭借超强军事和经济实力以及在联合国、布雷顿森林体系中的主导地位，成为世界上最强的国家，而现实主义刚好迎合了美国追求世界霸权的需要，成为美国外交政策的重要指导理论。第二次世界大战后

---

[1] Antony J. Blinken，"The Administration's Approach to the People's Republic of China"，May 26，2022，https://www.state.gov/the-administrations-approach-to-the-peoples-republic-of-china/.

[2] ［美］汉斯·摩根索：《国家间政治：权力斗争与和平》（第七版），徐昕等译，北京：北京大学出版社 2006 年版，第 55 页。

的美国外交决策者都受到了现实主义的影响，认为世界需要霸权，当代和未来的世界只能有美国霸权，凡是有实力或意图削弱美国霸权的国家，都是美国的敌人或对手。在实践上，处于"老大"地位的美国甚至不允许有"老二"的存在，必须确保美国在所有领域稳坐"第一"宝座，因此美国不能容忍苏联率先发射卫星、日本购买洛克菲勒中心、中国成为世界创新中心。当代的进攻性现实主义更是直接提出，大国保证自己安全的最佳办法就是争取成为霸主，随着中国成为超级大国，中国将与美国角逐世界，美国必须与亚洲其他国家联合起来，及早出手遏制中国崛起。[1]当前，美国将中国视为最大的战略竞争对手和唯一有能力挑战美国霸权地位的国家，因而不遗余力地动员国内资源、联合其他国家、采取全方位措施打压中国，其对华政策的进攻性现实主义色彩越发浓厚。

自由主义为美国建立全球领导权提供了配套的道德性理念支持和一揽子方案。首先，集中反映现代美国自由主义思想的威尔逊总统的"十四点计划"为美国夺取对世界的领导权抢占了国际道德高地。"十四点计划"的内涵是要美国在道德原则指导下主导对世界秩序的改造，最终让美国成为世界领导者。[2]其次，对自由主义的信念使美国在干涉他国内政和使他国政权更迭方面有着巨大的冲动和积极性。自由主义认为：自由民主国家为确保外国人的权利不被践踏，可以干涉他国内政，最好的办法是在他国建立自由民主政权；建立一个由自由民主国家组成的世界是实现世界和平、消除战争、减少核扩散和恐怖主义的方案，也是保护国内自由主义的理想方式。[3]最后，当代的新自由制度主义提出的相互依赖和国际机制等概念都是以美国为核心的，讨论的当代国际机制、全球化和国际治理也都是美国有意为之的产物，其用意是建议美国利用相互依赖和国际机制，确保在

---

[1] ［美］约翰·米尔斯海默：《大国政治的悲剧》（修订版），王义桅、唐小松译，上海：上海人民出版社 2014 年版。

[2] 王玮、戴超武：《美国外交思想史：1775—2005 年》，北京：人民出版社 2007 年版，第264 页。

[3] ［美］约翰·米尔斯海默：《大幻想：自由主义之梦与国际现实》，李泽译，上海：上海人民出版社 2019 年版，第 2 页。

国际社会中的利益和领导权。[1]在自由主义的影响下，美国一直以所谓自由民主"普世价值"、保护"人权"、捍卫"基于规则的国际秩序"为口号，批评和干涉中国的国内政策和对外政策，但这些措施在本质上是为了维护美国的霸权，而非推行自由主义制度和道德。

建构主义为美国在冷战结束后推行霸权主义提供了新的思路和手段。建构主义认为，国家之间通过观念产生了相互关系，而这些观念又帮助定义了国家的身份和性质，因此观念和文化在塑造国际政治现实和国际政治话语中有着重要作用。[2]美国从建构主义中汲取了维护霸权的新思路和新手段，主要体现在三方面。第一，建构主义认为民族、主权和边界等国际政治中的概念都是社会建构的，而非绝对的和永久不变的。[3]这为美国干涉他国民族问题、内部事务以及与邻国的边界纠纷提供了理论支持。不仅如此，美国还不断借助舆论和国际机制制造并传播错误观念，激化他国的民族问题、内政问题和与邻国的边界纠纷。第二，建构主义认为威胁者的身份是社会建构的。因此，美国会在其国内外渲染其对手对美国和世界的威胁，给对手赋予诸如"邪恶轴心""流氓国家""修正主义国家"等标签，旨在从观念上将其对手建构为美国民众和世界的威胁。第三，建构主义强调合法性的重要性。美国深知有必要为其行动确立合法性，因而会努力利用国际机制和国际话语权为其霸权主义行为争取"合法性"，同时指责对手行为的"非法性"。近年来，美国频频插手中国内部民族问题、内政问题和与邻国的边界纠纷，大力渲染"中国威胁论"，利用国际话语权抹黑中国，表明建构主义在美国遏华的支持性理论中已占有一席之地。

---

[1] [美]罗伯特·基欧汉、约瑟夫·奈：《权力与相互依赖》（第四版），门洪华译，北京：北京大学出版社2012年版。

[2] [美]亚历山大·温特：《国际政治的社会理论》，秦亚青译，上海：上海人民出版社2000年版，第468页。

[3] [美]小约瑟夫·奈、[加拿大]戴维·韦尔奇：《理解全球冲突与合作：理论与历史》（第十版），张小明译，上海：上海人民出版社2018年版，第10页。

（二）围绕着美国价值观的"民主自由论"

美国人对其价值观有着根深蒂固的自信，坚信在其自由、民主、开放、法治等原则基础上建立的自由民主制度具有无比的优越性，并誓要将其价值观推广到全球。这种美式"民主自由论"演绎出的一系列推论极易将中国置于美国的对立面，这些推论主要有以下三个。

第一，强调美国价值观引领当代西方和代表世界的发展方向。据此理论，美国有一种道德义务，即作为一个楷模服务于世界其他国家，以此鼓励全球范围内的自由。[1]在20世纪上半叶，由于欧洲接连引发了两次世界大战，美国人认为欧洲正走向衰落，因而对美国的制度和价值观更加自豪和自信，认为美国价值观是世界上最先进的价值观。对美国价值观的自信在美国2017年版的《国家安全战略》报告中非常明显。该报告宣称："美国将继续在国内外捍卫民主，以更好地实现我们建国纲领文件中所载的美国理念。"[2]该报告强调："为了推进美国国内繁荣，维护所有美国人的权利，我们必须积极主动地塑造符合我们利益和价值观的国际秩序……（由美国领导建立的）这些机制推进了美国的经济和地缘政治目标，并以符合美国利益和价值观的方式，通过塑造政府和经济体的互动方式使世界各地的人民受益。"[3]正是由于美国自诩其价值观的先进性为"天下第一"，当中国的价值观在全球影响力日益扩大、对美国价值观的先进性构成批判和挑战时，美国必然会在价值观领域将中国视为竞争对手。

第二，把美中关系归结于"民主与专制"之争，是历史终结论之后又

---

[1] Denise M. Bostdorff, *The Presidency and the Rhetoric of Foreign Crisis*, Columbia：University of South Carolina Press，1994，p.177.

[2] The White House, "National Security Strategy", October 2022，p.3，https://www.white-house.gov/wp-content/uploads/2022/10/Biden-Harris-Administrations-National-Security-Strategy-10.2022.pdf.

[3] The White House, "National Security Strategy", October 2022，pp.11，32，https://www.whitehouse.gov/wp-content/uploads/2022/10/Biden-Harris-Administrations-National-Security-Strategy-10.2022.pdf.

一新论，旨在维护美国的理论霸权。弗朗西斯·福山在 1989 年提出的历史终结论之所以能在美国引起巨大轰动，是因为福山的这一理论与美国的观念高度契合。美国人的思想中有一种根深蒂固的共识，认为美国式的自由民主制度是政治组织最高、最道德和最终的形式，是单向历史进程的终点。美国对其自由民主制度高度自信和自豪，并为其自由民主制度添加了道德色彩，这导致美国人总是夸大不同制度的政权对美国利益构成的威胁，并认为只有消灭那些"专制"政权，才能迎来自由和民主的福祉。[1]在美国人看来，美国要成为世界第一强国，不得不与敌对势力竞争，为此美国与其盟友和伙伴战胜了法西斯主义、帝国主义和苏联共产主义，消除了对共和、民主力量及其持久性的任何怀疑。[2]到今天，美国将中国视为战略竞争对手，又将"民主与专制"之争用于形容美中关系。拜登政府国家安全委员会中国事务主任杜如松（Rush Doshi）是当今持这一观点的美国学者之一。他在《持久战：中国取代美国主导秩序的大战略》（*The Long Game：China's Grand Strategy to Replace American Order*）一书中提出：与美国在全球和亚洲地区的秩序建设相比，中国的秩序建设将"明显缺乏自由"，中国还试图"取代美国成为世界领先国家"；美国最佳的应对策略是采取非对称战略与中国竞争，而"民主及其产生的秩序"便是美国"相对于中国的独特竞争优势"。[3]

第三，在"颜色革命"和"阿拉伯之春"后，巩固和扩大在发展中国家的政治和意识形态主导地位和影响力。由于自身的政治成长经历，美国深信自己信仰的道德原则放之四海而皆准，深信"其他所有民族都渴望照搬美国的价值观"。因此，美国总是想尽一切办法输出其民主价值观和制

---

[1] ［美］保罗·皮拉尔：《美国为什么误读了世界：错误观念的国家经验与根源》，㑚远译，北京：中国方正出版社 2019 年版，第 142—144 页。

[2] The White House, "National Security Strategy of the United States of America", December, 2017, p. 2, https://www.whitehouse.gov/wp-content/uploads/2017/12/NSS-Final-12-18-2017-0905-2.pdf.

[3] Rush Doshi, *The Long Game：China's Grand Strategy to Displace American Order*, New York：Oxford University Press, 2021, pp.301—315.

度，劝服他国人民改变制度和意识形态，将其对外扩张和全球支配行动看作传播其民主价值观的工程。[1]在东欧剧变、苏联解体后，美国认为自己迎来了向全球发展中国家输出民主的大好机会。在理论层面，美国学者用霸权稳定论、民主和平论和历史终结论为美国输出民主的"正当性"作了进一步的理论阐释；在战略层面，老布什、克林顿和小布什三任总统分别提出"超越遏制"战略、"参与和扩展"战略以及"新帝国"战略，指导美国在追求全球霸权的同时积极在全球输出民主，通过鼓动"颜色革命"和发起对外战争，制造了一系列的政权更迭事件。到奥巴马时期，美国又奉行"巧实力"战略，在中东和北非地区通过意识形态渗透和非政府组织助推"阿拉伯之春"，随后又以同样的策略在乌克兰、缅甸、中亚国家和中国香港地区开展输出美式民主的行动。中国是当前最大的社会主义国家和发展中国家，美国从未放弃对中国进行美式民主输出，时常打着"人权"和"民主"旗号，指责和干涉中国内政，但均以失败告终。此外，中国坚持一切国家都有权自由选择它们自己的政治经济制度和生活方式，反对美国以"民主"为由肆意干涉他国内政。因此在美国看来，中国既是拒绝接受美式民主的"顽固对象"，也是阻碍美国输出民主的"绊脚石"，这种看法助长了在美国的"中国威胁论"。

（三）围绕着美国绝对安全的"同盟理论"

如果说，美国在两次世界大战期间的同盟理论主要关注军事安全问题，那么美国当前的同盟理论的内涵和外延都有了极大的变化，在广义上服务于美国的绝对安全、全面安全和泛化安全。美国国会研究服务局（Congressional Research Service，CRS）发布的专题报告认为，2014年以后，美国领导的国际秩序受到来自中国和俄罗斯的严峻挑战，"大国竞争"已经取代"反恐"成为美国安全战略的核心议题；大国竞争时代呼唤"大战略"

---

[1]［美］亨利·基辛格：《世界秩序》，胡利平等译，北京：中信出版社 2015 年版，第305—306 页。

(grand strategy) 的回归，美国需要动用一切国家工具，制定一套包含外交、经济、信息、军事等在内的总体战略以应对新阶段的挑战。[1]美国和中国没有军事冲突，但美国已经把其领导下的"盟伴"整合起来共同对付中国，如美英澳三边安全伙伴关系（AUKUS）、美日印澳四方安全对话（QUAD）、五眼联盟（Five Eye Alliance）等。就这些多边"盟伴"机制出现的原因而言，时殷弘指出，美国在印太地区的双边同盟和双边军事伙伴关系存在涵盖地区不广、被涵盖地区间协调程度低、非美盟国间军事合作稀薄和缺乏体制性等问题；近年来，为应对中国战略军力腾升和战略军事活动范围扩展，美国及其关键盟国做出同盟和联盟结构的重大调整，创设了美国主导的多维、灵活可扩的印太联盟以应对中国。[2]从这一动向的近期结果看，日本中曾根和平研究所高级研究员森聪指出，美国的印太战略正呈现一种多层次的"盟伴"网络，主要有三个层次：一是由美日、美韩、美英澳构成的地区安全网络；二是通过美日印澳四方安全对话、东盟发展地区经济网络；三是与欧洲的"盟伴"联手打通印太/大西洋跨地区网络，引导欧洲介入印太事务。[3]此外，还有学术界的联盟理论的新发展。一方面，美国战略界积极策应美国对华竞争的大政方针，不断就同盟理论发展各种新概念、新提法：既有高政治领域的"硬对抗"，如美国大西洋理事会发布的专题研究，强调当大国竞争的游戏规则朝向不利于美国利益的方向发展时，就要"创造新的棋盘"，即通过美国和盟伴强化军事网络确保新一轮的游戏规则由美国主导[4]；又有低政治领域的"软对抗"，如新美国安全中心专

---

[1] Congressional Research Service, Renewed Great Power Competition: Implications for Defense—Issues for Congress, Updated March 10, 2022, https://sgp.fas.org/crs/natsec/R43838.pdf.

[2] 时殷弘：《美国同盟和联盟体系的对华军事态势现状》，载《亚太安全与海洋研究》2022年第2期，1—13页。

[3] 森聪、「バイデン政権のインド太平洋戦略」、2022年2月21日、https://www.npi.or.jp/research/data/NPI_Commentary_Mori_20220221.pdf.

[4] Atlantic Council, Seizing the Advantage: A Vision for the Next US National Defense Strategy, December 2021, https://www.atlanticcouncil.org/wp-content/uploads/2021/12/Seizing-the-Advantage_A-Vision-for-the-Next-US-National-Defense-Strategy.pdf.

题报告提出"强制性经济治国方略"（coercive economic statecraft）的概念，其内涵之一是美国与"盟伴"在运用经济工具应对地缘政治问题上协同合作，最大限度地对中国施压，加强美国施加成本的能力，且最大限度地降低中国的报复能力。[1]另一方面，在美国实力相对下降的大背景下，盟友国视角的同盟理论出现了新的动向。日本国际问题研究所高级客座研究员菊池努指出，面对中国崛起，日本日益担忧美国不会完全履行对日防卫的承诺，因而近年来积极就强化日美同盟提出各类倡议，出现了"把美国卷入日本战争"的同盟战略意图。[2]同样地，美国另一个盟友澳大利亚也在"被美国抛弃"的战略焦虑中，它进一步强化对美国的依赖程度，投入了更多维持同盟的"沉没成本"。[3]可以认为，美国的部分盟友由于其本身的安全利益已深度融入美国同盟体系，由此出现了盟友"倒逼"美国确保同盟安全的现象。

三、"重利薄义"的思想基础

"重利薄义"是美国处理其对外关系时的主要思想基础，代表了美国政界和学界对世界公义和自身私利之间的取舍标准，也决定了美国在全球事务和中美关系上的基本理论和行为方式。

（一）实用主义的庸俗哲学

外交哲学体现了国家在对外关系上的基本准则和追求。作为贯穿美国

---

［1］ CNAS，*Containing Crisis*：*Strategic Concepts for Coercive Economic Statecraft on China*，December 2021，https://s3.us-east-1.amazonaws.com/files.cnas.org/documents/ContainingCrisis_EES_Web.pdf?mtime = 20211201193941&focal = none.

［2］ 菊池努、「インド太平洋の新秩序と日本—ルールに基づく多極秩序を目指して—」（「「インド太平洋地域の海洋安全保障と『法の支配』の実体化にむけて：国際公共財の維持強化に向けた日本外交の新たな取り組み」」）、2021 年、https://www.jiia.or.jp/pdf/research/R01_Indopacific/00-02_introduction_kikuchi.pdf。

［3］ Thomas Wilkins，"Re-assessing Australia's Intra-Alliance Bargaining Power in the Age of Trump"，*Security Challenges*，vol.15，2019，pp.9—32.

发展历程的主要哲学思想，实用主义所具有的"不去看最先的事物、原则、范畴和'假定是必须的东西'，而是去看最后的事物、收获、效果和事实"[1]的论点不仅深入影响了美国人的精神面貌和行为方式，更是在美国政党政治和第二次世界大战后国际秩序的双重催化下，发展成为机会主义和投机主义的替身。首先，实用主义在其主体思想上没有原则，唯有霸道。以中美关系为例，美方在有关中美三个联合公报和一个中国原则的问题上强词夺理，近年来更是以"切香肠"的方式不断歪曲、篡改、虚化、掏空一个中国原则。2022 年 8 月，美国国会众议院议长佩洛西不顾中方严正警告，执意窜访中国台湾地区，严重侵犯中国主权安全，严重损害中国领土完整，严重危害台海和平稳定，严重冲击中美关系政治基础。然而，佩洛西办公室发言人却颠倒黑白，妄言"此行绝不违背中美三个联合公报和承认一个中国原则等长期政策"，乃至倒打一耙，声称"呼吁停止单方面改变台海现状"[2]，其毫无原则的霸权本质和强盗逻辑展露无遗。其次，实用主义在国际机制上没有义务，唯有权利，往往是合则用，不合则弃。特朗普政府时期，美国以"不符合美国最佳利益"等说辞先后退出了包括《巴黎协定》、《移民问题全球契约》、伊朗核问题全面协议、联合国人权理事会、《维也纳外交关系公约关于强制解决争端之任择议定书》在内的数个组织或多边协议（及其制定进程），其"利字当头"的单边主义行径不但动摇了其一手建立的国际秩序，亦大量透支了美国在盟友及第三方国家心中的信誉，站在了历史潮流的对立面。反观中国在面对来势汹汹的"逆全球化"浪潮时，在合作抗疫、提振经济、科技创新等方面坚定维护和践行多边主义，推动构建"人类命运共同体"的宏伟目标。正如习近平主席 2021 年 2 月 5 日在"达沃斯议程"对话会上致辞："我们要坚持开放包容，不搞封闭排他。多边主义的要义是国际上的事由大家共同商量着办，世界前途命运

---

[1] [美]威廉·詹姆士：《实用主义——某些旧思想方法的新名称》，李步楼译，北京：商务印书馆 1979 年版，第 31 页。

[2] Speaker of The House, "Pelosi, Congressional Delegation Statement on Visit to Taiwan", August, 2022, https://www.speaker.gov/newsroom/8222-2(Press Release).

由各国共同掌握。"[1]最后，实用主义庸俗哲学影响下的美式行径在经济科技上没有契约精神，唯有利益。在中美经济科技关系上，美国通过炮制层出不穷的"中国威胁论"，将中国的"数字丝绸之路"等经济科技概念恶意渲染为"最大竞争者"对美国的挑战与挑衅。拜登政府上台以来，美国依靠《临时国家安全战略指导方针》《基础设施投资与就业法案》《无尽前沿法案》《民主科技伙伴法案》《2021年美国创新和竞争法案》等一揽子措施，在立法层面将与中国在全球供应链和科技上的全面竞争作为主要关注点，并通过进出口管控、打压中国尖端科技企业（如华为、中兴、海康威视等）、制定新兴技术标准等手段达到其"弱敌自强"的目的。[2]在经济科技领域的竞争，正在被美国单方面演化为一场争夺世界领导权的战略竞争[3]，已无战略互信与契约精神可言。

（二）只赢不输的博弈思想

既为博弈，就有输赢，但美国博弈追求的是绝对和完全的"赢"。在中美的总体力量对比上，美国追求对中国的绝对优势，现在如此，将来也必须如此。美国总统拜登曾在其竞选期间于《外交事务》杂志发表题为"为何美国必须再次领导——拯救特朗普之后的美国外交政策"的文章，其中明确提到"中国正在通过扩大其全球影响力，推广自己的政治模式，并投资于未来的尖端技术……美国必须对中国采取强硬态度以防止其'掠夺'美国公司的技术和知识产权"，拜登甚至表示美国急需建立坚实的同盟阵线以重新获得对华的绝对体量优势，从而维持美国霸权。[4]在对华战略布局

---

［1］中华人民共和国商务部：《习近平在世界经济论坛"达沃斯议程"对话会上的特别致辞》，2021年1月25日，http://www.mofcom.gov.cn/article/i/jyjl/e/202101/20210103034965.shtml.

［2］黄钊龙、韩召颖：《中美战略博弈背景下美国对华科技竞争战略解析》，载《求是学刊》2022年第2期，第170—175页。

［3］李恒阳：《拜登政府对华科技竞争战略探析》，载《美国研究》2021年第5期，第88页。

［4］Joseph R. Biden, "Why America Must Lead Again——Rescuing U. S. Foreign Policy After Trump", *Foreign Affairs*, March/April 2020.

上，美国拥有整套的遏制中国的战略思想、机制、部署、手段等。在战略思想上，无论是特朗普时期的"美国第一"与"脱钩"，还是拜登上台后的"对华全面战略竞争"，其本质无外乎通过塑造"共同威胁"以达到遏华目的。在机制上，美国继续加强与盟国伙伴关系的广度与深度，推进机制化的建设，最大限度地制约中国在亚太地区的活动能力和影响力。在部署上，美国自奥巴马时期就着手加强对亚太地区的投入，调整军事力量部署，并通过从阿富汗、中东等地区的战略收缩与对亚太地区盟友、准盟友的再拉拢，使亚太地区在美国安全战略中的重要性上升到前所未有的高度。[1]在手段上，美国大西洋理事会发布的《更长的电报：走向新的美国对华战略》一文将其归纳为五点："重建美国经济和军事力量""威慑和阻止中国逾越美国'红线'""在特定领域公开对华战略竞争""在某些领域继续与中国进行合作"与"加强对华意识形态斗争"。[2]在中美关系上，特朗普政府和拜登政府都反对中美"双赢"，还反对国际关系中通常的利益交换，充满着零和博弈与独断专行的思维。

（三）急功近利的执政思想

在美国，捞取选票和赢得政权成为执政的最为主要的目标。而且，长期以来选举驱动的执政思想已经被认为理所当然，乃至天经地义。在对华关系上，以疑华反华获取选票和达成两党、府会或朝野共识已经成为政治顽疾而积重难返。借打"中国牌"以彰显自身保护美国利益的决心，已成美国选举政治的常态。美国著名的民意调查研究学者托尼·法布里齐奥（Tony Fabrizio）在观察了2022年中期选举的选情后直言道："关于候选人同中国的关系的流言，即使是虚假性的、误导性的或是夸张性的，依然甚嚣尘上。……被贴上'对中国软弱'的标签（对候选人）并不是一件好事。

---

［1］朱锋、张乐磊：《美国对华遏制与秩序重塑背景下的中美关系》，载《唯实》2020年第2期，第87—89页。

［2］谈东晨、钮维敢：《美国智库对华战略构想的新内涵——以〈更长电报：走向新的美国对华战略〉为例》，载《社会科学文摘》2022年第2期，第120页。

特朗普执政的四年催化了选举中的中国因素。"[1]因此，在美国选举频繁的环境下，中美关系长期受到制约和攻击。在对华战略和政策上，因循守旧成为美国政治常态，战略突破则阻力重重。在美国政坛上，反华者尽可唱高调，讲合作者噤若寒蝉。以马尔科·鲁比奥（Marco Rubio）和里克·斯科特（Rick Scott）等为首的反华议员近年来"逢中必反"，二人仅在2022年就向国会高调提交了数项针对中国的法案，内容包含石油禁运[2]、交易采购限制[3]和企业投资[4]等多方面。然而，美国两党内外、府院两边的沆瀣一气者众多，主持公道者甚微，其不顾道德底线与国际交往原则以攫取政治本钱的险恶图谋使原就困难重重的中美关系雪上加霜，寻求战略突破更是捉襟见肘。此外，美国利用其政治制度而为其没有诚信道义的对华战略和政策服务。例如，美国政府更迭，往往又导致美国对华的政府承诺和具体政策多变（如在气候变化、疫情防控、裁军、核不扩散、粮食与能源安全等方面），不仅共和、民主两党互不认账，就连本党的新旧政府也不践诺。又如，政府同意了，国会又可以推翻或提高要价。中美建交公报发布后的1979年1月26日，美国国务院就曾向国会递交了"美台断交"后的关系准则法案（即《台湾授权法案》），却未能得到通过。之后的三个月内，美国国会出于"将台湾的前途纳入美国的利益"的"重利薄义"思维，通过逾130项修正提案，最终"大体保证了台当局要求"的《与台湾关系

---

[1] Josh Dawsey, "Many GOP Candidates are Bashing Each Other for Ties to China", *The Washington Post*, May 11, 2022, https://www.washingtonpost.com/politics/2022/05/11/republicans-china-primaries/.

[2] "Rubio, Scott Introduce Bill to Ban Oil Exports to China", Marco Rubio's Official Website, Jun 15, 2022, https://www.rubio.senate.gov/public/index.cfm/2022/6/rubio-scott-introduce-bill-to-ban-oil-exports-to-china.

[3] "Rubio and Scott Introduce Bill to Crack Down on U. S. Investment in Chinese Companies", Marco Rubio's Official Website, Apr 29, 2022, https://www.rubio.senate.gov/public/index.cfm/2022/4/rubio-and-scott-introduce-bill-to-crack-down-on-u-s-investment-in-chinese-companies.

[4] "Rubio Introduces Bill To Turn Off The Tap On Federal Investment In Blacklisted Chinese Firms", Marco Rubio's Official Website, Jul. 20, 2022, https://www.rubio.senate.gov/public/index.cfm/2022/7/rubio-introduces-bill-to-turn-off-the-tap-on-federal-investment-in-blacklisted-chinese-firms.

法》得以出台。[1]可以说,中美建交公报和《与台湾关系法》共存就是个典型"府院之争"的例子。

(四)二元对立的思维模式

二元对立思维模式认为世间"非此即彼、非黑即白、非对即错、非善即恶",这种思维模式在西方根深蒂固,早已成为西方民族的一个思维特性。

第一,二元对立思维在美国分析和处理国际关系方面非常突出。例如,美国依然固守大国竞争与意识形态对抗的冷战思维。美国国务卿布林肯在乔治·华盛顿大学发表演讲时口口声声坚持美国"不是在寻求冲突或新的冷战",却又妄言中国"具有重塑国际秩序的意图与实力……北京会使我们远离过去 75 年来保障世界持续进步的普世价值观"。[2]其自相矛盾的逻辑背后正是数十年冷战思维作祟下的傲慢与偏见。又如,拜登政府上台后所热衷的同盟寻敌思想。美国通过改造既有双边同盟以及新建伙伴关系的方式双管齐下,将印太地区作为构建制衡中国的盟伴体系与复合阵营的"试验田",在实现盟国和伙伴力量的深度整合的同时,寻求对华竞争乃至对抗的"统一阵线"。[3]再如,美国"一刀切"地将西方与非西方的关系概括为"民主对专制"。美国总统拜登在俄乌冲突爆发后直言:"我们正在重新参与一场争取自由的伟大斗争,民主与专制之间的斗争。"[4]实际上,民主的定义和内涵并非以美国的意志为转移,将"民主"二字与西方资产阶级代议制画上等号本身就是不客观、不民主的行为。美国和其盟友需要清楚"民

---

[1] 张景旭、刘佳雁:《剖析美国〈与台湾关系法〉》,载《台湾研究》1999 年第 2 期,第 58 页。

[2] Antony J. Blinken, "The Administration's Approach to the People's Republic of China", US Department of State, May 26, 2022, https://www.state.gov/the-administrations-approach-to-the-peoples-republic-of-china/.

[3] 赵明昊:《盟伴体系、复合阵营与美国"印太战略"》,载《世界经济与政治》2022 年第 6 期,第 53 页。

[4] Richard Youngs, "Autocracy Versus Democracy After the Ukraine Invasion: Mapping a Middle Way", Carnegie Europe, Jul.20, 2022, https://carnegieeurope.eu/2022/07/20/autocracy-versus-democracy-after-ukraine-invasion-mapping-middle-way-pub-87525.

主不是哪个国家的专利，而是各国人民的权利"。[1]

第二，"和合共生"是中华文化的重要特征和基本价值取向之一。与此相对立的是辩证法和变通思维。以中庸辩证法来认识关系构成的世界，可以消解非此即彼的二元对立思想、零和博弈的战略思维与"冲突-征服"的世界观，赋予行为体的能动性以更加积极的意义。正如习近平主席在中华人民共和国恢复联合国合法席位 50 周年纪念会议上提到的："人类应该和衷共济、和合共生。推动构建人类命运共同体，不是以一种制度代替另一种制度，不是以一种文明代替另一种文明，而是不同社会制度、不同意识形态、不同历史文化、不同发展水平的国家在国际事务中利益共生、权利共享、责任共担，形成共建美好世界的最大公约数。"[2]

第三，不同的思维模式将长期存在。不同民族、国家、信仰的思想思维需要经过相当长时间才得以形成，而且相对正确或错误的思维模式往往需要经过更长时期的辨析、检验和反复，才能最终被接受或摒弃，有些基本思维模式之争已经有数千年的历史并将继续进行。中国和美国的基本哲学和思维模式也是如此。没有当代化和全球化的裂变以及硬实力的支撑，《中庸》《周易》所宣示的"和而不同"思想是难以完全改变美国思维模式的，这需要长时期的战略耐心和持之以恒的努力。

四、结语

美国在走向相对和绝对衰弱的历史进程中，为了维护霸权或至少延缓自身的衰落，把中国视为主要对手和头号安全威胁，正在推进"全政府"和"综合威慑"的对华战略和政策。对此，中国的应对也必然是全方位和

---

[1] 新华社：《习近平在第七十六届联合国大会一般性辩论上的讲话（全文）》，2021 年 9 月 21 日，http://www.gov.cn/xinwen/2021-09/22/content_5638597.htm。

[2] 中华人民共和国中央人民政府：《习近平在中华人民共和国恢复联合国合法席位 50 周年纪念会议上的讲话（全文）》，2021 年 10 月 25 日，http://www.gov.cn/xinwen/2021-10/25/content_5644755.htm。

综合性的，需要在政治、经济、安全等方面有效应对的基础上，进行思想理论的交流、交汇和交锋。党的二十大以更高和更远的视野提出了处理当代大国关系框架和准则："促进大国协调和良性互动，推动构建和平共处、总体稳定、均衡发展的大国关系格局。"[1]2022年11月14日，习近平主席在印度尼西亚巴厘岛同美国总统拜登举行会晤时进一步指出："中美双方需要本着对历史、对世界、对人民负责的态度，探讨新时期两国正确相处之道，找到两国关系发展的正确方向，推动中美关系重回健康稳定发展轨道，造福两国，惠及世界。"[2]

中美关系影响着未来世界的走向，中国不能仅仅进行被动应对，还需要更多主动塑造。就思想意识和理念理论方面而言，中国需要做出的努力包括但不限于以下五点。

第一，世界是物质的。综合国力的基础是经济，发展是硬道理，也是第一要务，更是最终改变美国仇华压华立场的基本保证。中国需要继续围绕"发展"这一中心，夯实经济和科技基础并不断提质升级，加快中国式现代化的进程，促使或迫使美国在中美关系上承认现实和回归理性。

第二，世界也是精神的。中国在走近和走进世界舞台中央的历史进程中，需要不断增强中国特色社会主义道路自信、理论自信、制度自信和文化自信。为此，中国在与美国的斗争与合作中需要加强学习习近平外交思想，加强中国特色国际关系理论体系，加大建设独立学科体系、学术体系、话语体系的力度，争取在世界范围内有更多的思想理论知音和共识。

第三，正确和准确地定位竞争在国际关系中的地位，并做出相应的处理。国际关系中竞争是常态，如经济市场竞争、科技人才竞争、综合国力竞争、思想意识竞争、战略竞争等。因此，中国并不讳言中美关系中存在竞争。例如，中国外交部发言人赵立坚指出："我们不否认中美在经贸领域

---

[1] 习近平：《高举中国特色社会主义伟大旗帜　为全面建设社会主义现代化国家而团结奋斗——在中国共产党第二十次全国代表大会上的报告》，载《人民日报》2022年10月26日。
[2] 《习近平同美国总统拜登在巴厘岛举行会晤》，载《人民日报》2022年11月15日。

存在一些竞争，但是不能以'竞争'来定义中美关系，不能搞你输我赢的恶性竞争，更不能打着竞争的幌子搞大国对抗。"[1]但是，中国政府反对美国政府以偏概全地以"战略竞争"定位当前的整个中美关系，中国政府认为："在一个相互依存的全球化时代，中美两个大国如何找到正确相处之道，既是人类社会没有遇到过的课题，也是两国必须共同解开的方程式。"[2]

第四，和平共处应是中美两国基本的相处之道。1972 年 2 月，中美在《上海公报》中已经在和平共处的原则上达成共识，但是从纸面上的共识到思想和行为上的共识在经历了半个世纪之后仍未实现，可见言行合一的难度。在新形势下，习近平主席又把中美关系应当遵循的三大原则中的"不冲突、不对抗"提炼为"和平共处"，并将其置于"相互尊重"和"合作共赢"之前。他指出："中美不冲突、不对抗、和平共处，这是两国最基本的共同利益。"[3]不言而喻，中美两国应当严守"和平共处"的底线，努力争取不冲突、不对抗和不开战。

第五，以建构人类命运共同体的长远目标引领当前的中美关系。中国抱着对历史负责的态度，看待"人类社会从哪里来、到哪里去"这样的根本问题，引导世界各国，特别是大国在国际关系和全球事务方面进行哲学思考和战略思维，在双边、地区和全球等层次上逐步树立人类命运共同体的意识和思想。而且，中国倡导的人类命运共同体是把美国包括在内的。当前美国的认识达不到这样的高度和深度，但是中国不能因此而放弃相应的努力。相反，中国要不懈地坚持战略自信和战略定力，在物质和精神、实践和理论、战略和政策上与美国进行建设性互动，以"锲而不舍"的毅力达到"金石可镂"的目标。

［1］《2022 年 6 月 1 日外交部发言人赵立坚主持例行记者会》，外交部，https://www.mfa.gov.cn/fyrbt_673021/jzhsl_673025/202206/t20220601_10697547.shtml。

［2］《王毅在十三届全国人大五次会议举行的视频记者会上就中国外交政策和对外关系回答中外记者提问》，载《人民日报》2022 年 3 月 8 日。

［3］《习近平同美国总统拜登在巴厘岛举行会晤》，载《人民日报》2022 年 11 月 15 日。

习近平外交思想指导构建大国关系新格局 *

一、引言

恩格斯指出:"国家是社会在一定发展阶段上的产物。"[1]只要人类社会还需要国家的存在,大国和大国关系格局就在相当大程度上决定着国际大势和趋势。因此,习近平外交思想在论及和应对当代国际关系这一重大课题时,强调要总结大国关系格局的特点,把握其发展规律,并因势利导地建构当代大国关系新格局。

习近平总书记关于当代大国关系格局的理念创新和理论总结,首先来自当代波澜壮阔的时代风云和砥砺前行的大国关系实践。他在总结中国外交实践时深刻地指出:"在实践中,我们积累了有益经验和深刻体会,对外工作要坚持统筹国内国际两个大局,坚持战略自信和保持战略定力,坚持推进外交理论和实践创新,坚持战略谋划和全球布局,坚持捍卫国家核心和重大利益,坚持合作共赢和义利相兼,坚持底线思维和风险意识。"[2]同样,习近平总书记在大国关系上亲力亲为,积极有效地处理新形势下的大国关系,努力提高发展中大国在全球事务中的地位和作用,强调和践行大

＊ 原文载《国际问题研究》2023 年第 5 期,第 1—18 页。

[1] [德]弗里德里希·恩格斯:《家庭、私有制和国家的起源》,载《马克思恩格斯选集》(第四卷),北京:人民出版社 1972 年版,第 166 页。

[2] 习近平:《习近平谈治国理政》(第三卷),北京:外文出版社 2020 年版,第 426—427 页。

国在全球治理及其体系改革中的责任和担当等，从而成为新型大国关系的倡导者、实践者和引领者。

习近平外交思想及其对于当代大国关系格局的理念和思想具有站位高、立意深、视野远的时代特点。面对当今世界的风云变幻，习近平总书记以中国化马克思主义的哲学和睿智，解答了人类社会来于、处于和走向何处的极其重大的时代之问、世界之问、人民之问，提出建构大国关系新格局的方向、原则、战略、路径和政策等。环顾当今世界和进行国际比较，在习近平外交思想指导下中国关于大国关系的理念和实践，显然远在那些民粹主义、选举驱动和地缘博弈思维之上，正以其先进性、可行性和示范性为当代国际社会提供新的思考、方向和选择。

习近平总书记在分析和应对当代大国关系时一贯强调"问题导向"。他指出："问题是时代的声音，回答并指导解决问题是理论的根本任务。……我们要增强问题意识，聚焦实践遇到的新问题、改革发展稳定存在的深层次问题、人民群众急难愁盼问题、国际变局中的重大问题、党的建设面临的突出问题，不断提出真正解决问题的新理念新思路新办法。"[1]自然，当代大国关系格局是"国际变局中的重大问题"，需要在当前和今后相当长时期内，研究其基本动因、内在规律、主要议题、规范原则、理念理论和发展方向等。与此同时，还要研究、剖析和应对典型案例，如中美关系、发展中大国崛起、大国和中小国家关系等的新特点和新趋势。

习近平总书记关于中国特色大国外交和当代大国关系的重要论述具有非常重要的国际影响和世界意义。一是指出了当代大国关系与整个国际关系的同频共振关系。习近平总书记总是把当代大国关系置于更大的历史框架和时代使命之中，强调潮流、时势、责任、使命和担当等。不言而喻，大国关系虽然是整个国际关系极其重要的组成部分，但两者毕竟还是部分与整体的关系。大国关系的发展只有在体现整个国际关系方向时，才能成

---

[1] 习近平：《高举中国特色社会主义伟大旗帜　为全面建设社会主义现代化国家而团结奋斗——在中国共产党第二十次全国代表大会上的报告》，载《人民日报》2022年10月26日。

为时代的主流和发挥建设性的作用。二是当代大国关系言利但也要讲义，即要树立正确的义利观。中国并不讳言国家外交主要服务于国家利益，"坚持国家利益为重、国内政治优先"[1]。中国外交坚持物质本原论和发展是第一要务，着力提升国内的民生福祉，并在此基础上主张在世界范围内做大和分好"蛋糕"。三是在国际上高举公平正义的旗帜。习近平总书记及时地倡导和弘扬基于"和平、发展、公平、正义、民主、自由"的全人类共同价值[2]，摒弃美国独尊、西方优越、冷战思维、零和博弈、以邻为壑和丛林法则等过时和错误的言行。四是有目标但分步骤地解决当代大国关系的主要和重要问题。中国强调要在把握人类社会发展的大方向和大目标的同时，根据需要和可能解决当前问题，并为解决长期或未来的问题做好准备。五是差异化和错位发展当代大国关系。建构大国关系新格局不可能一蹴而就，需要长期的艰苦努力和分步推进。中国根据各类大国的具体情况而制定不同的阶段性目标，有的是深化战略伙伴关系，有的是防止失控和对立对抗，创造各种条件使当代大国关系最终走上相互尊重、和平共处、合作共赢的正道。

总之，习近平外交思想博大精深和内涵丰富，是我们认识和分析全球事务和国际问题的理论指南和根本遵循。同理，习近平总书记关于当代大国关系的重要论述和分析使我们能够更加深刻地理解和抓住当代大国关系的实质，在观察、认识、分析和处理当代大国关系时，推动大国关系新格局有利于世界的和平、发展、合作、共赢。

二、 习近平外交思想关于当代大国关系的战略思维和理论创新

党的十八大以来，习近平总书记高度重视大国关系，亲自指挥和指导中国与各类大国的外交外事工作，不忘初心地坚持根本原则，与时俱进地

---

[1] 习近平：《高举中国特色社会主义伟大旗帜　为全面建设社会主义现代化国家而团结奋斗——在中国共产党第二十次全国代表大会上的报告》，载《人民日报》2022 年 10 月 26 日。

[2] 习近平：《习近平谈治国理政》（第二卷），北京：外文出版社 2017 年版，第 522 页。

更新和创新理论，方向明确地建构当代大国关系新格局。

（一）与时俱进地发展和完善大国关系的理念

20 世纪 90 年代初以来，伴随综合国力持续大幅度上升，中国在大国关系中的地位和作用不断提升。党的十八大之后，中国特色大国外交中的"大国关系"在新形势和新语境下，又有了新的发展。习近平总书记不失时机地提出了"中国特色大国外交"的新理念，他强调指出："中国必须有自己特色的大国外交。我们要在总结实践经验的基础上，丰富和发展对外工作理念，使我国对外工作有鲜明的中国特色、中国风格、中国气派。"[1]而且，中国以大国的身份认识和处理包括大国关系在内的对外关系，强调中国的大国责任和大国担当。

中国还根据国际多极化加速发展的态势，对当代大国进行了重新定义。习近平总书记指出："二十国集团成员都是世界和地区大国，应该体现大国担当，发挥表率作用，为各国谋发展，为人类谋福祉，为世界谋进步。"[2]尤为突出的是，中国在界定大国关系时一再强调发展中大国的国际地位和作用，要求增加其代表性和话语权。习近平总书记指出，"当今时代，以金砖国家为代表的新兴市场国家和发展中国家群体性崛起，正在从根本上改变世界版图"，"中国始终同其他发展中国家同呼吸、共命运，坚定维护发展中国家共同利益，推动增加新兴市场国家和发展中国家在全球事务中的代表性和发言权"。[3]中国明确和强调发展中大国乃是当代大国的这一坚定立场，客观地反映了当前国际力量对比变化的事实，批驳了以美国为首的西方国家守旧和排外的"大国观"，增加了当代大国中的新生和积极因素，同时为建构当代大国关系新格局进行了必要的准备和铺垫。

---

[1] 习近平：《习近平著作选读》（第一卷），北京：人民出版社 2023 年版，第 319 页。
[2] 《习近平出席二十国集团领导人第十七次峰会并发表重要讲话》，载《人民日报》2022 年 11 月 16 日。
[3] 习近平：《深化团结合作　应对风险挑战　共建更加美好的世界——在 2023 年金砖国家工商论坛闭幕式上的致辞》，载《人民日报》2023 年 8 月 23 日。

（二）着力当代但又着眼未来的"大国关系"原则

当今世界正在经历百年巨变，大国关系面临重大变化和格局性过渡，需要确立和维护与之相适应的原则。值此历史性转变的关键时刻，美国及其一些盟友倒行逆施，坚持冷战思维，重弹政治对立和军事对抗的老调，试图以其制订的原则和规则"规范"当代国际关系，并维护其一己私利。

与此形成鲜明对照的是，中国在坚持历来行之有效的原则基础上，又提出了不少新的原则。在总的原则方面，习近平总书记多次指出，"国际上的事大家商量着办"[1]，"国际上的事需要大家心平气和商量着办"[2]。在大国关系的原则方面，他引领性地强调："促进大国协调和良性互动，推动构建和平共处、总体稳定、均衡发展的大国关系格局。"[3]习近平总书记还针对各类大国应负的历史责任和时代担当方面，分别提出了以下原则。

中国和俄罗斯共同反对霸权主义和强权政治。习近平总书记指出："中方愿同俄方以及全世界所有反对霸权主义和强权政治的进步力量一道，反对任何单边主义、保护主义、霸凌行径，坚定捍卫两国主权、安全、发展利益和国际公平正义。"[4]

中国寻求中美关系的长期和正确的相处之道。习近平总书记指出："国际关系中最重要的事情是中美必须找到正确的相处之道。"[5]在当前和今后相当长时期，中美相互尊重、和平共处、合作共赢就是正确之道的基本原则。

中国希望与欧洲共同维护多极世界和多边主义。习近平总书记指出："中欧都主张维护以联合国为核心的国际体系，可以共同践行真正的多边主义，合力应对挑战，共同维护世界和平与发展。双方要引领全球应对气候

［1］习近平：《在联合国成立75周年纪念峰会上的讲话》，载《人民日报》2020年9月22日。

［2］《习近平同法国德国领导人举行视频峰会》，载《人民日报》2021年7月6日。

［3］习近平：《高举中国特色社会主义伟大旗帜　为全面建设社会主义现代化国家而团结奋斗——在中国共产党第二十次全国代表大会上的报告》，载《人民日报》2022年10月26日。

［4］《习近平同俄罗斯总统普京举行视频会晤》，载《人民日报》2022年12月31日。

［5］《习近平同美国总统拜登举行视频会晤》，载《人民日报》2021年11月17日。

变化和生物多样性保护、能源安全和粮食安全、公共卫生等努力，加强各自优质公共产品和合作平台的对接协作。"[1]

中国正在与发展中大国共同承担更多的大国责任。例如，习近平总书记指出："中国和印尼作为发展中大国和新兴市场国家代表，要坚持真正的多边主义，……推动全球治理朝着更加公正合理的方向发展。"[2]又如，习近平总书记指出："中巴（西）是具有全球影响的发展中大国和重要新兴市场国家，互为全面战略伙伴，拥有广泛的共同利益，担负着共同的发展责任。"[3]中国和发展中大国共同努力，力避分裂对抗之危，共创团结合作之机，勇立时代潮头，推动全球治理变革朝着更加公正合理的方向发展。

（三）大国关系原则的交汇和交锋

在当前动荡变革时期，当代大国的数量和种类都在增加，它们的内外背景以及世界观和国际体系观不尽相同，为此提出各自的大国关系原则，致使国际社会，特别是大国之间难以形成共识，增加了当代大国关系的复杂性、长期性和曲折性。

1. 美国及其紧随者英国和日本等在世界观和大国关系原则上的认知具有一致性和趋同性。

美国拜登政府 2022 年 10 月发表的《国家安全战略》报告认为，美国正步入对其和世界来说具有决定性意义的十年，在此期间，美国面临主要大国竞相塑造"新世界"的秩序及严峻的跨国问题两大挑战。为此，美国要做的就是建立强大、广泛的国际联盟，与共享价值观的国家一起对抗那些提供"阴暗愿景"的大国，阻止它们威胁美国的利益，保持美国领导全球的地位。[4]

---

[1]《习近平同欧洲理事会主席米歇尔举行会谈》，载《人民日报》2022 年 12 月 2 日。

[2]《习近平同印尼总统佐科举行会谈》，载《人民日报》2022 年 11 月 17 日。

[3]《习近平致函祝贺卢拉就任巴西总统》，载《人民日报》2023 年 1 月 3 日。

[4] U.S. White House, "National Security Strategy", October 2022, https://www.whitehouse.gov/wp-content/uploads/2022/10/Biden-Harris-Administrations-National-Security-Strategy-10.2022.pdf.

英国苏纳克政府 2023 年 3 月发表的《综合评估更新 2023》同样认为，世界在未来十年面临全球权力分布的变化、国家间针对国际秩序性质的系统性竞争、迅猛的技术变革、不断加剧的跨国挑战等四大挑战。对此，英国提出，应对挑战的最优先事项是与共享价值观的民主盟友进行合作，并且将借助七国集团和五眼联盟等机制，优先在欧洲-大西洋地区和印太地区加强与志同道合伙伴的紧密协调。[1]

日本岸田政府在 2023 年 4 月发表的外交蓝皮书中指出，国际社会正处于历史性的转折时期，新兴国家和发展中国家，特别是中国的崛起，改变了国际社会的权力平衡，导致地缘政治竞争加剧；作为应对，日本需要以日美同盟为基础，强化与"共享价值观"的伙伴的合作。[2]

2. 法国和德国等欧洲地区大国以及它们所在的欧盟虽然与美国同属西方，但在世界观及处理大国关系原则上仍有所差异，即在大国竞争和地缘冲突风险上升背景下追求欧洲的"战略自主"并推动国际秩序走向多极化。

欧盟近年来接连发布多份外交、安全、防务等领域战略报告，改变欧盟自我身份的认知，从曾经的"规范性力量"转而寻求成为"地缘政治力量"，并进一步加强自主能力的建设。报告还强调俄罗斯"挑战多边主义基础和以规则为基础的国际秩序"和"损害欧洲和全球安全与稳定"；视美国为战略伙伴并接受美国对欧洲安全的重要作用，但同时强调应减少对美的军事依赖，不盲目追随美国政策。[3]在对华立场上，欧盟仍旧延续"制度

---

［1］ Integrated Review Refresh 2023，March 2023，https://assets.publishing.service.gov.uk/government/uploads/system/uploads/attachment_data/file/1145586/11857435_NS_IR_Refresh_2023_Supply_AllPages_Revision_7_WEB_PDF.pdf.

［2］ 日本外务省：《令和 5 年版外交青书》，2023 年 5 月 4 日，https://www.mofa.go.jp/mofaj/gaiko/bluebook/2023/pdf/pdfs/1_2_1.pdf。

［3］ European Commission，"2023 Strategic Foresight Report：Sustainability and Wellbeing at the Heart of Europe's Open Strategic Autonomy"，July 6，2023，https://commission.europa.eu/system/files/2023-07/SFR-23-beautified-version_en_0.pdf；European Council，"A Strategic Compass for Security and Defence"；Clothilde Goujard，"Charles Michel：Europe Warming up to Macron's 'Strategic Autonomy' Push away from US"，Politico，April 11，2023，https://www.politico.eu/article/europe-warming-up-to-macrons-strategic-autonomy-push-says-charles-michel/.

对手、经济竞争者和多边合作伙伴"的三分法定位。[1]

法国马克龙政府 2022 年 11 月发布的《国家战略评估》报告阐述了对中国、美国、俄罗斯三个世界主要大国的立场和政策。在对华关系上，法国的认知呈现复杂性和矛盾性。一方面将中国视为战略竞争对手，强调通过"去风险"政策降低对华依赖，并在非洲和近东及中东地区平衡中国影响力。另一方面，法国则认可与中国在多个领域和议题上开展合作的必要性和意义。在对美关系上，报告承认美国再次成为欧洲安全的主要提供方，但指出美国的战略重心已转向中国，这导致其他地区的力量对比出现了不符合法国战略利益的变化。在对俄关系上，法国将俄罗斯的军事扩张视为未来数十年的重大威胁，并指责在强权逻辑和帝国野心影响下俄罗斯在各个领域与欧洲发生对抗。[2]

德国朔尔茨政府 2023 年 6 月发表了德国在第二次世界大战后的首份《国家安全战略》报告，全面阐述了自身战略目标与安全和外交政策。从该文件可以看出，乌克兰危机的爆发对德国的世界观和安全观产生了强烈冲击。在论及大国关系时，报告沿用了欧盟对华定位，在强调德国对华政策应保持平衡的同时，明确指出两国关系中"竞争和对抗的因素在上升"。在对美问题上，德国将深化跨大西洋联盟关系视为自身外交和安全政策的基石之一，并称美国是德国安全的核心保障。而俄罗斯则被认为正有目的地试图破坏欧洲民主社会的稳定，削弱欧盟和北约，是"可预见时间内欧洲和大西洋地区和平与安全的最大威胁"。[3]

3. 发展中大国群体在历史上普遍遭受列强侵略和殖民而陷入落后状态，为此极为重视维护国家主权和发展权益，在希望维护大国关系稳定的同时推动国际秩序向公正合理的方向发展。

---

[1] European Commission, "2023 Strategic Foresight Report: Sustainability and Wellbeing at the Heart of Europe's Open Strategic Autonomy", July 6, 2023, https://commission.europa.eu/system/files/2023-07/SFR-23-beautified-version_en_0.pdf.

[2] Secrétariat général de la défense et de la sécurité nationale, "Revue nationale stratégique 2022", novembre 2022, https://medias.vie-publique.fr/data_storage_s3/rapport/pdf/287163.pdf.

[3] "Wehrhaft. Resilient. Nachhaltig. Integrierte Sicherheit für Deutschland. Nationale Sicherheitsstrategie", Bundesregierung, 2023, https://www.nationalesicherheitsstrategie.de/.

印度莫迪政府将自身定位为"西南方大国",一方面追求巩固战略自主地位,另一方面与以美国为首的西方国家进行议题式战略合作。在大国外交层面,印度在美俄间进行战略对冲,同时加强与美俄的战略安全关系。俄乌冲突以来,印度总体选择中立立场以维护其战略自主性,在美日印澳四方安全对话与以金砖国家、上合组织为代表的新型国际组织间争取左右逢源。

印度尼西亚提出建设"集体的全球领导力"以应对全球挑战,推动全球多边体制改革,主张发挥东盟在东南亚区域发展中的核心地位,并在东盟框架内加强与其他大国的合作。[1]印度尼西亚寻求在大国关系中发挥桥梁作用,避免成为大国博弈的棋子。它与中国积极发展全面战略伙伴关系,加快在基础设施、卫生健康、海洋研究等领域合作。[2]同时,印度尼西亚也主张与美国建立"可持续和稳固的"伙伴关系。

巴西在外交传统上具有全球性和自主性的特征。卢拉政府上台后维持与美国的良好关系,但强调双边关系是平等和互惠的,追求战略自主性的一面更加突出。针对俄乌冲突,卢拉公开批评北约不断对俄罗斯加压的做法,并批评拜登政府一直在"煽动战争"。[3]卢拉政府还加大与域外大国的外交力度,提升与中国、俄罗斯等发展中大国及欧盟战略合作的地位以对冲美国对巴西构成的战略压力。

三、 习近平外交思想指导我们透过现象看清当代大国关系的本质

当前,世界进入动荡变革时期,许多矛盾趋向尖锐化,全球挑战更加

---

[1] Ministry of Foreign Affairs of the Republic of Indonesia, "At the United Nations, Foreign Minister Brings the Spirit of Bandung, Raises Global Trust and Solidarity", https://kemlu.go.id/portal/en/read/5300/berita/at-the-united-nations-foreign-minister-brings-the-spirit-of-bandung-raises-global-trust-and-solidarity.

[2] "Joint Statement between The Republic of Indonesia and The People's Republic of China", https://kemlu.go.id/portal/en/read/4169/pidato/joint-statement-between-the-republic-of-indonesia-and-the-peoples-republic-of-china.

[3] Reuters, "Brazil's Lula Meets Ukraine's Zelenskiy, Discusses Peace", https://www.reuters.com/world/brazils-lula-meet-ukraines-zelenskiy-after-biden-get-together-2023-09-20/.

纷繁复杂，国际关系中不稳定、不确定和不可知因素急剧上升。有鉴于此，习近平总书记强调："不仅要看到现象和细节怎么样，而且要把握本质和全局，抓住主要矛盾和矛盾的主要方面，避免在林林总总、纷纭多变的国际乱象中迷失方向、舍本逐末。"[1]

（一）当代大国关系中的反霸和护霸斗争的新背景和新重点

从 20 世纪 90 年代中后期开始，世界主要大国在国际和地区性机制、全球重大议题、全球治理等的合作面有所加强，为国际社会共同打击国际恐怖主义、应对全球金融危机、落实联合国发展议程等作出了积极的贡献。但是，历史总是在积极和消极两方面互动中前进的。特朗普于 2016 年出任美国总统并大肆推行地缘博弈和大国对抗的战略和政策。有鉴于此，当前世界特别是大国关系中的两重性和两面性相当突出。

一方面，世界多极化进程加速和国际主要力量对比正在朝着有利于广大发展中国家的方向前进。中国作为一个社会主义和发展中大国，是这一历史潮流的中流砥柱和先锋骨干，正在努力建构和推进代表时代进步的大国关系。但是，当代大国并非由中国一国组成，应当而且只能在"应然"和"实然"中取得平衡，并逐步推进。另一方面，以美国为首的西方国家试图通过寻敌联盟达到继续主导大国关系和全球事务的目的，继续维护其对非西方发展中国家的所谓优势，为此而全力打压和围堵中国。

（二）反霸和护霸的思想和行为的原则分歧和重大斗争

美国和发展中大国的矛盾是多方面的，但是其中最主要和最本质的则在于对历史进步和时代趋势的认知和行为分歧。

1. 发展中大国的兴起为当代大国关系注入了时代进步意义。

习近平总书记指出："国际力量对比发生深刻变化，新兴市场国家和一大批发展中国家快速发展，国际影响力不断增强，是近代以来国际力量对

---

[1]《习近平在中央外事工作会议上强调 坚持以新时代中国特色社会主义外交思想为指导 努力开创中国特色大国外交新局面》，载《人民日报》2018 年 6 月 24 日。

比中最具革命性的变化。"[1]世界权势东移和世界力量对比的东升西降具有重要的历史进步性，正在纠正 500 年来殖民主义和资本主义造成的历史不公。而且，力量对比的逆转已经体现在国际体系和全球治理的体制机制"变革"上，从二十国集团的升级、金砖国家机制的扩容、亚投行和新开发银行的诞生等，国际秩序和国际体系迈向更加公正合理的趋势更加不可逆转。在世界的经济基础和上层建筑双重变化的作用下，以美国为首的西方国家掌控世界事务的能力日渐式微，为此充满了旧时贵族的失落感，也产生了大权旁落的焦虑感。

2. 发展中大国和美国在领域方面的主要分歧。

发展中大国和美国具有多重性和多层次的分歧，需要进行分析和区别对待。

发展中大国和美国等在世界政治议题上的主要分歧在于参与度、代表性和话语权等方面。发展中大国多数要求更多地参与国际问题的决策，增加其在相关机制中的代表性，提高它们在重大问题上的话语权。为此，习近平总书记十分强调，"国际上的事大家商量着办"[2]，"国际上的事需要大家心平气和商量着办"[3]。美国则强调还要继续领导世界。2022 年 11 月 14 日，习近平总书记在二十国集团领导人巴厘岛峰会的边会上，当面向拜登总统指出："所谓'民主对抗威权'不是当今世界的特点，更不符合时代发展的潮流。"[4]

发展中大国和美国等在全球发展议题上的主要分歧在于全面性、公正性和合作性等方面。习近平总书记强调："发展是人类社会的永恒主题。共享发展是建设美好世界的重要路径。"[5]发展中大国大多认为，经济科技发

［1］《习近平在中共中央政治局第二十七次集体学习时强调　推动全球治理体制更加公正更加合理　为我国发展和世界和平创造有利条件》，载《人民日报》2015 年 10 月 14 日。

［2］《习近平在联合国成立 75 周年纪念峰会上发表重要讲话》，载《人民日报》2020 年 9 月22 日。

［3］《习近平同法国德国领导人举行视频峰会》，载《人民日报》2021 年 7 月 6 日。

［4］《习近平同美国总统拜登在巴厘岛举行会晤》，载《人民日报》2022 年 11 月 15 日。

［5］《习近平向全球共享发展行动论坛首届高级别会议致贺信》，载《人民日报》2023 年 7 月11 日。

展是提升大国关系正能量和削弱负能量的主要杠杆和途径。但是，美国等西方国家将发展议题政治化、边缘化，搞"小院高墙"和极限制裁，人为制造分裂和对抗，以此阻止或延缓发展中大国的迅速崛起。

发展中大国和美国等在国际安全议题上的主要分歧在于安全观和军事作用等方面。主要发展中大国倡导通过政治外交手段解决地缘政治热点和难点，主张普遍、综合、可持续的金砖国家新安全观；美国等则"泛化"安全，突出"军事"，推行代理人战争，实施以盟友为体系、以实力为地位的西方强权安全观。事实上，美国的穷兵黩武已经成为当今世界战乱的一个极其重要的策源地。

发展中大国和美国在全球治理的主要分歧在于建章立制和规范规则方面。近些年来，全球治理的规则和制度在相当程度上遭到破坏，甚至变成美国的竞争工具，这就使其"西方化"甚至"武器化"倾向更加显著。为此，发展中大国强烈要求改变以西方为中心的国际秩序，构建普惠的全球治理体系和国际经济和金融架构。规则、规范、机制和体制是实现全球治理有效性的重要保障，对其的改革则具有深层次和长效性意义。习近平总书记一再强调要维护联合国的权威，"让多边主义的火炬照亮人类前行之路"。[1]为此，中国以公正合理的大方向来把控大国间的制度竞争，努力使全球治理体制更加平衡地反映大多数国家的意愿和利益，争取在全球治理新规则的制定中把握更多更大的主动权和话语权。

(三) 广大发展中国家/中小国家在大国关系中的新作用

世界上的大国总是少数，更多的是中小国家，而发展中国家又为居多。在全球化、区域化、信息化、社会化等新环境下，广大发展中国家/中小国家在大国关系中的地位和作用不断提升，成为必须考虑的重要因素。

广大发展中国家/中小国家增强了对大国关系的主动性。它们在很多问题上不再被动地接受某些大国的支配，而是根据问题的是非曲直作出自己

---

[1]《习近平出席世界经济论坛"达沃斯议程"对话会并发表特别致辞》，载《人民日报》2021年1月26日。

的判断。例如，匈牙利在北约和欧盟中坚持其对华、对俄的自主立场；新加坡强调在中美之间坚持不站队、不选边；为寻求摆脱美元霸权，维护本国经济安全，巴西、阿根廷、玻利维亚等拉美国家纷纷采取"去美元化"的措施以维护自身的经济安全。凡此种种，在相当程度上制约了美国等西方国家图谋的"地缘博弈""集团对抗""美元霸权"等。

广大发展中国家/中小国家发挥群体性作用。近些年来，各种形式的组织机制不断涌现。党的十八大以来，中国积极发展与中小国家/发展中国家组织的机制性合作，实现了中国与所有发展中地区的对话合作机制，深化了中国-东盟命运共同体建设，召开了首届中国-中亚峰会（2023 年 5 月）和中国-阿拉伯国家峰会（2022 年 12 月）。中国和广大中小国家的群体性合作为当代大国关系注入了正能量和新动力，促进了国际体系公正合理的发展方向。

广大发展中国家/中小国家在当代大国关系的理念和政策上不断对以美国为首的西方国家提出质疑。例如，日本首相岸田文雄 2023 年 1 月在访美期间发表演讲时说："如果西方被全球南方抛弃，将会沦为少数派，不利于解决政策性问题。"[1] 欧盟外交与安全政策高级代表何塞普·博雷利（Josep Borrell）2023 年 9 月在出席联合国大会时指出："在拉丁美洲、非洲、中东、北非，当然还有亚洲，现在几乎每个人都认为，不仅在经济上，而且在技术、军事和意识形态上都存在可以替代西方的可靠选项。"[2]

四、 中国努力构建新的大国关系格局

习近平总书记历来重视战略思维和强调战略是我党的看家本领，亲自设计和推进中国特色大国外交，调动一切积极因素，有效应对挑战和困难，

---

[1] Ministry of Foreign Affairs of Japan，"Japan's Decisions at History's Turning Point"，Jan 2023，https://www.mofa.go.jp/files/100446121.pdf.

[2] 《欧盟首席外交官："发展中国家正在寻找西方替代者"》，参考消息网，2023 年 9 月 30 日，https://www.cankaoxiaoxi.com/#/detailsPage/%20/dc92241c0675482d878dbeeef77bb000/1/2023-09-30%2019:27?childrenAlias=undefined。

积极构建当代大国关系新格局。

（一）发挥历史主动和建设当代大国关系新格局

中国今天已经走出了鸦片战争后的百多年贫穷和屈辱，正在从"站起来""富起来"走向"强起来"的历史新阶段，中国有意愿也有能力为建设符合时代潮流的大国关系新格局作出重要贡献。

在当前大国关系格局问题上，习近平总书记不仅指出要认识世界，更加强调要改造世界。他指出："面对严峻的全球性挑战，面对人类发展在十字路口何去何从的抉择，各国应该有以天下为己任的担当精神，积极做行动派、不做观望者，共同努力把人类前途命运掌握在自己手中。"[1]当前国际形势中的挑战面不断增多。在美国的挑动下，大国关系中冷战思维抬头、集团对抗回潮、地缘博弈加强，甚至发生了北约支持下的乌克兰与俄罗斯的冲突。为此，中国力推的国际关系新格局旨在和平共处、总体稳定、均衡发展。而且，格局决定秩序和体系，建设性和稳定性的大国关系格局有利于当前国际体系和全球治理朝着公正合理的方向前进，并在力量对比、体系机制、思想理论等方面保障"把人类前途命运掌握在自己手中"。

（二）在大国关系格局中固本培元和扶正祛邪

中国在大国关系上比较多的是做加法，在建构新格局中的大体思路也是如此。

第一，主动提高意识和承担时代使命。从党的十八大、十九大、二十大的三个报告中可以清楚地看到中国的使命感和责任感。党的十八大报告指出："中国坚持在和平共处五项原则基础上全面发展同各国的友好合作。我们将改善和发展同发达国家关系，拓宽合作领域，妥善处理分歧，推动建立长期稳定健康发展的新型大国关系。"[2]党的十九大报告指出："中国

---

[1] 习近平：《习近平谈治国理政》（第三卷），北京：外文出版社 2020 年版，第 460 页。
[2] 胡锦涛：《坚定不移沿着中国特色社会主义道路前进　为全面建成小康社会而奋斗——在中国共产党第十八次全国代表大会上的报告》，载《人民日报》2012 年 11 月 18 日。

积极发展全球伙伴关系，扩大同各国的利益交汇点，推进大国协调和合作，构建总体稳定、均衡发展的大国关系框架。"[1]党的二十大报告指出："促进大国协调和良性互动，推动构建和平共处、总体稳定、均衡发展的大国关系格局。"[2]由此可见，中国使命担当的战略目标和原则方向不断完善，体现了时代性和可行性，充满着建设性和正能量，因而也得到了国际社会大多数成员的认同和支持。

第二，中国努力构建总体稳定的大国关系框架，中俄新时代全面战略协作伙伴关系更加成熟坚韧，中欧和平、增长、改革、文明四大伙伴关系建设稳步推进，为中美关系指出相互尊重、和平共处、合作共赢的正确方向。[3]党的二十大以后，中国和许多大国的关系得到进一步的发展。2022年11月4日，德国总理朔尔茨是中共二十大召开后首位访华的欧洲领导人，这也是他就任后首次访华。他在与习近平总书记会谈时指出："世界需要一个多极化的格局，新兴国家的作用和影响值得重视，德方反对搞阵营对抗，政治家有必要为此负起责任。"[4]2023年4月6日，法国总统马克龙在访华时表示："法方坚持独立自主外交，主张欧洲战略自主，反对搞对立分裂，反对搞阵营对抗。法国不会选边站队，而是主张团结合作，大国关系保持稳定。"[5]4月14日，巴西总统卢拉在访华时强调："巴西从推动建立公正合理的国际秩序的战略高度致力于同中国发展更紧密的关系。"[6]7月27日，来华出席第31届世界大学生夏季运动会开幕式并访华的印度尼西亚总统佐科向习近平总书记表示，要"进一步促进两国全面战

［1］习近平：《决胜全面建成小康社会　夺取新时代中国特色社会主义伟大胜利——在中国共产党第十九次全国代表大会上的报告》，载《人民日报》2017年10月28日。

［2］习近平：《高举中国特色社会主义伟大旗帜　为全面建设社会主义现代化国家而团结奋斗——在中国共产党第二十次全国代表大会上的报告》，载《人民日报》2022年10月26日。

［3］王毅：《全面推进中国特色大国外交（认真学习宣传贯彻党的二十大精神）》，载《人民日报》2022年11月8日。

［4］《习近平会见德国总理朔尔茨》，载《人民日报》2022年11月5日。

［5］《习近平同法国总统马克龙举行会谈》，载《人民日报》2023年4月7日。

［6］《习近平同巴西总统卢拉举行会谈》，载《人民日报》2023年4月15日。

略伙伴关系发展"，并认为"习近平主席提出的全球发展倡议、全球安全倡议、全球文明倡议是开放包容的，印尼积极支持"。[1]

第三，坚持敢于斗争和善于斗争。当前，面对多重挑战和困难，中国在大国关系中越发需要坚持敢于斗争和善于斗争。其一，坚决维护国家的核心利益。"坚持以国家核心利益为底线维护国家主权、安全、发展利益"是习近平外交思想的重要组成部分。习近平总书记强调："任何外国不要指望我们会拿自己的核心利益做交易，不要指望我们会吞下损害我国主权、安全、发展利益的苦果。"[2]其二，敢于反制从而使制裁者不能再为所欲为。中国对美国、英国等在台湾问题上一再挑战我底线，对有关机构和人员进行制裁，显示了中国在维护主权和领土完整方面的决心和能力。其三，善于斗争。中国在处理大国关系时，正是敢于斗争而维护了国家核心利益和国家尊严，正是善于斗争才不断赢得胜利。习近平总书记指出："斗争是一门艺术，要善于斗争。"[3]在大国关系方面，中国根据形势变化及时调整斗争策略，团结一切可以团结的力量，调动一切积极因素，寻求大国和国际之音的最大公约数，积小胜为大胜，积小变为大变，化危机为转机，在变局中创新局。

（三）以多边主义推进大国关系的体制机制建设

大国关系千头万绪，双边和多边问题不可胜数。但是，通过加强多边主义的体制机制建设则能达到提纲挈领和纲举目张的成效。

第一，中国坚持以多边主义推进全球治理体系的建设和变革。习近平总书记指出："中国积极参与全球治理体系改革和建设，践行共商共建共享的全球治理观，坚持真正的多边主义，推进国际关系民主化，推动全球治理朝着更加公正合理的方向发展。坚定维护以联合国为核心的国际体系、

---

[1]《习近平会见印度尼西亚总统佐科》，载《人民日报》2023年7月28日。

[2] 习近平：《在纪念毛泽东同志诞辰120周年座谈会上的讲话》，北京：人民出版社2013年版，第23页。

[3] 习近平：《习近平著作选读》（第二卷），北京：人民出版社2023年版，第259页。

以国际法为基础的国际秩序、以联合国宪章宗旨和原则为基础的国际关系基本准则，反对一切形式的单边主义，反对搞针对特定国家的阵营化和排他性小圈子。"[1]

第二，加强具体组织机制的建设。在全球层面，推动世界贸易组织、亚太经合组织等多边机制更好发挥作用，扩大金砖国家、上海合作组织等合作机制影响力，增强新兴市场国家和发展中国家在全球事务中的代表性和发言权。中国坚持积极参与全球安全规则制定，加强国际安全合作，积极参与联合国维和行动。在周边和地区层面，将大国关系和小多边结合。中国-东盟建立全面战略伙伴关系，澜湄等次区域合作加速发展，《区域全面经济伙伴关系协定》签署生效，中亚成为我国周边首个战略伙伴集群。在双边层面，不断深化伙伴关系，积极建设覆盖全球的伙伴关系网络。中国已同 181 个国家建立外交关系，同 110 多个国家和地区组织建立不同形式的伙伴关系。例如，2023 年 9 月，中国与贝宁决定将双边关系提升为战略伙伴关系；同月，中国与委内瑞拉宣布建立全天候战略伙伴关系；等等。

第三，提出引领世界发展方向的全球倡议。习近平总书记先后在重要国际场合首倡了全球发展倡议、全球安全倡议和全球文明倡议，愿同国际社会一道努力落实。党的二十大报告明确指出："我们真诚呼吁，世界各国弘扬和平、发展、公平、正义、民主、自由的全人类共同价值，促进各国人民相知相亲，尊重世界文明多样性，以文明交流超越文明隔阂、文明互鉴超越文明冲突、文明共存超越文明优越，共同应对各种全球性挑战。"[2]

五、结语

展望未来，动荡和变革时期的世界处于历史发展的十字路口，需要抓住和用好时代赋予的各种机遇，有效应对必将面临的不确定不稳定因素导

---

[1][2] 习近平：《高举中国特色社会主义伟大旗帜　为全面建设社会主义现代化国家而团结奋斗——在中国共产党第二十次全国代表大会上的报告》，载《人民日报》2022年 10 月 26 日。

致的重大挑战。就构建新型大国关系而言，我们要进一步将习近平总书记的有关重要论述、思想理论和政策落到实处，从而促进各类大国走上和平发展的正道，共同"行天下之大道"。

习近平外交思想蕴含着丰富的历史唯物主义的精华，将继续指导我们发展和增强综合国力，客观认识国情和世情的现状和趋势，把握世界发展的周期规律和阶段任务，科学地确立中国的战略方位和战略任务，在理想和可能中取得综合平衡，在应对挑战和克服困难中实现当代大国的历史使命。

习近平总书记在运筹和推进新型大国关系时还特别强调辩证思维和两手准备。为此，我们因时与势在中国一边而生定力、底气、决心和信心，还要看到新型大国关系建设的任重道远。毋庸讳言，美国在当代世界依然举足轻重，其对中国的施压围堵不容小觑。因此，"东升西降"虽是趋势，但要彻底改变"东弱西强"尚待时日，需要中国和广大发展中国家共同努力以使质变的临界点早日到来。

习近平总书记指出："实践没有止境，理论创新也没有止境。"[1]建设新型大国关系是构建人类命运共同体的重要组成部分，需要国际社会的共同参与和全面实践。但是，中国作为社会主义大国和发展中大国，理应在增强实践自觉中提高历史自觉和理论自觉，以不断的实践探索和理论创新推动建设一个持久和平、普遍安全、共同繁荣、开放包容和清洁美丽的世界。

---

[1] 习近平：《高举中国特色社会主义伟大旗帜　为全面建设社会主义现代化国家而团结奋斗——在中国共产党第二十次全国代表大会上的报告》，载《人民日报》2022年10月26日。

中　编

倡导倡议

试论中国在和平共处中的和平崛起

——纪念和平共处五项原则创立 50 周年[*]

中国、印度、缅甸三国于 1954 年共同倡导了"互相尊重主权和领土完整、互不侵犯、互不干涉内政、平等互利、和平共处"原则，简称"和平共处五项原则"，这是发展中国家对国际法准则和国际关系理论的创造性贡献。和平共处五项原则确立 50 年来，已经成为一项公认的国际法准则，有利于反对霸权主义和强权政治，推动着国际新秩序的建立，有利于促进世界的和平、稳定与发展。

一、 从战争到和平共处

（一）历史背景的重大转变

中国是在屈辱和战乱中进入 20 世纪的。20 世纪，中华民族几次处在生死存亡的危急关头。最终，中国人民在中国共产党的领导下，成立了中华人民共和国。新中国成立伊始，中国为了保家卫国而被迫抗美援朝，在 1950—1953 年同世界头号强国美国进行了三年的艰苦战争。此后，中国刚转入全面的建设时期，就同印度、缅甸共同倡导了和平共处五项原则。

从传统思想渊源来看，和平共处五项原则可以追溯到中国的传统文化。中国作为一个文明古国，向来有"修文德服远人""协和万邦""崇信修睦""亲仁善邻"的历史传统，强调以"己所不欲，勿施于人"之道善待周边国

＊ 原文载《毛泽东邓小平理论研究》2004 年第 6 期，第 52—58 页。

家。一些著名的思想家曾倡导过"和而不同"（孔子）、"兼相爱，交相利"（墨子、孟子）。中国在历史上是亚洲举足轻重的大国，与周边国家的关系源远流长。中华人民共和国成立后，首先要解决好同周边国家的关系。中国政府继承了"和为贵"的优秀传统思想，提出和平共处五项原则，以求得与邻国及世界上其他国家的和平共处和共同发展。

在社会主义国家应该如何正确处理国家之间的关系问题上，列宁的和平共处思想无疑是一个重要渊源。列宁在十月革命胜利后至少逐步从策略上放弃了以推动世界革命来巩固俄国革命政权的想法，提出了不同社会制度的国家虽然意识形态不同，但仍然应该彼此尊重主权和民族自主权，互不干涉内政，互不侵犯，和睦地相处于一个国际社会中。[1]在1921年苏波战争失败和苏联实行新经济政策后，列宁认识到不同制度国家的共同经济利益可以成为国家正常关系的基础，并把与资本主义国家和平共处的问题提上议事日程，把外交的重心转向和平共处。在1922—1925年间，苏联得到了21个国家的承认，其中包括除美国以外的所有主要资本主义国家和几乎所有邻国。列宁的理论和实践对于立国不久、处于帝国主义包围和弱势的中华人民共和国来说，具有相当大的借鉴意义。

从现实需要来看，中国需要同一切爱好和平的国家建立和发展友好合作关系，创造良好的国际环境。早在党的七大上，毛泽东就指出："在彻底打倒日本侵略者，保持世界和平，互相尊重国家的独立和平等地位，互相增进国家和人民的利益及友谊这些基础之上，同各国建立并巩固邦交，解决一切相互关系问题。"[2]1949年4月，毛泽东在起草的《中国人民解放军总部发言人为英国军舰暴行发表的声明》中就表示，中国人民革命军事委员会和人民政府愿意考虑同各外国在平等、互利、互相尊重主权和领土完整的基础上建立外交关系。同年6月15日，在新政协筹备会上，毛泽东向全世界声明，我们愿意同任何政府在平等、互利和互相尊重领土主权原

---

[1] 胡长水：《毛泽东"武装和平共处"思想初探》，载《当代中国史研究》2001年第2期，第40页。

[2] 毛泽东：《毛泽东选集》（第三卷），北京：人民出版社1991年版，第1084—1085页。

则的基础之上，谈判建立外交关系，"中国人民愿意同世界各国人民实行友好合作，恢复和发展国际间的通商事业，以利发展生产和繁荣经济"。[1]在《论人民民主专政》中，毛泽东再次重申："在平等、互利和互相尊重领土主权的基础之上和一切国家建立外交关系。"[2]这些政策和原则载入了中国人民政治协商会议第一届全体会议于 1949 年 9 月 29 日通过的《共同纲领》。10 月 1 日的开国大典上，毛泽东向全世界庄严宣布："本政府为代表中华人民共和国全国人民的唯一合法政府。凡愿遵守平等、互利及互相尊重领土主权等原则的任何外国政府，本政府均愿与之建立外交关系。"[3]这可以说是和平共处五项原则的先导和雏形。

(二) 国际关系法理的创新和发展

国际关系体系总体上是一个处于无序状态的国际社会系统。但是，国际关系行为主体的行为及其相互关系又表现出一定的有序性，其重要原因在于因客观需要产生了国际关系的法律规范和行为准则。国际法基本原则是国际法的基础，是国际社会公认的、适用于国际关系的、具有法律性质的普遍原则，通常是国家经由政府间国际组织和国际会议来共同制订，采取条约、宪章或宣言等形式。[4]

1954 年以来，中印和中缅共同确立和平共处五项原则产生了重大影响，已成为公认的国际关系准则。从国际法角度看，和平共处五项原则有其重大意义。过去很长时间里，国际法都只是所谓"欧洲国际法"，由西方大国主导、把持。发展中国家提出和平共处五项原则，并体现在其后万隆会议十项原则中，代表了第二次世界大战后新兴的独立民族国家的态度，是传统国际法向普遍国际法转变的重要影响因素。而且，《联合国宪章》提出了一些新的处理国与国之间关系的基本原则，包括主权平等、不干涉内政、

［1］毛泽东：《毛泽东选集》（第四卷），北京：人民出版社 1991 年版，第 1466 页。
［2］毛泽东：《毛泽东选集》（第四卷），北京：人民出版社 1991 年版，第 1473 页。
［3］毛泽东：《毛泽东文集》（第六卷），北京：人民出版社 1999 年版，第 2 页。
［4］俞正梁等：《全球化时代的国际关系》，上海：复旦大学出版社 2000 年版，第 34 页。

和平解决国际争端等，和平共处五项原则是在此基础上作出的新的发展，从而进一步确认了这些原则作为国际法基本规则的地位。

二、经验和教训

（一）世界各国普遍支持和平共处五项原则

首先，和平共处五项原则已经成为国际法准则之一。和平共处五项原则确立以来，日益受到世界各国的支持。在过去的半个世纪里，和平共处五项原则是亚非国家争取民族解放和主权独立的强大的法律、思想和舆论武器，是广大发展中国家加强团结和合作的行为准则，也是世界各国政府和人民反对霸权主义和强权政治的有力武器。其次，和平共处五项原则淡化意识形态，是具有普遍意义的原则。和平共处五项原则是在《联合国宪章》的基础上发展起来的，强调的是国与国之间的和平关系。中国、印度和缅甸三国社会制度和意识形态的差别很大，但三国共同首倡和平共处五项原则。和平共处五项原则采用了国际社会的主流话语，从而使它更容易在整个世界范围内加以推广和普及，也使推行霸权主义和强权政治增加了难度。再次，广大发展中国家努力推广和平共处五项原则。中国、印度、缅甸共同首倡和平共处五项原则本身就具有重要意义。而且，在 20 世纪 50 年代，广大亚非国家纷纷赢得解放和独立，成为国际舞台上的一支生力军。1955 年召开的亚非会议在和平共处五项原则的基础上又将其发展为十项原则。[1] 许多国家在双边和多边关系中也不断予以强调和重视，最终使之成为世界各国普遍承认和加以推行的国际法准则。最后，和平共处五项原则具有强大的

---

[1] 十项原则是：（1）尊重基本人权，尊重《联合国宪章》的宗旨和原则；（2）尊重一切国家的主权和领土完整；（3）承认一切种族的平等，承认一切大小国家的平等；（4）不干预或不干涉他国内政；（5）尊重每一个国家按照《联合国宪章》单独地或集体地进行自卫的权利；（6）不使用集体防御的安排来为任何一个大国的特殊利益服务，任何国家不对其他国家施加压力；（7）不以侵略行为或侵略威胁或使用武力来侵犯任何国家的领土完整或政治独立；（8）按照《联合国宪章》，通过如谈判、调停、仲裁或司法解决等和平手段以及有关方面自己选择的任何其他和平方法来解决一切国际争端；（9）促进相互的利益和合作；（10）尊重正义和国际义务。

自我调节和发展能力。在过去的 50 年里，世界逐步从革命和战争过渡到以和平与发展为主题的时代，和平共处五项原则紧紧抓住"和平"二字不动摇，顺应了时代的潮流和人民的愿望。

（二）中国始终坚持和平共处五项原则

和平共处五项原则载入了《中华人民共和国宪法》以及中国政府与外国政府签署的 100 多个双边条约中。中国在和平共处五项原则的指导下，逐步改善了同周边国家的关系，还创造性地发展了和平共处五项原则，积极发展同社会制度不同的大小国家的关系。1972 年《中日联合声明》和1978 年《中日和平友好条约》分别规定，在和平共处五项原则的基础上建立和发展中日两国间持久的和平友好关系。1972 年、1978 年和 1982 年中美签订的三个联合公报均载明或重申各国不论社会制度如何，都应根据和平共处五项原则来处理国家关系。

在冷战结束后世界格局发生根本性变化时，中国坚持改革开放，排除意识形态的干扰，坚持以和平共处五项原则处理同世界各国的关系，并提出建立以此为基础的国际政治、经济新秩序，逐步改善了中国现代化建设的国际环境。在 21 世纪，中国根据和平共处五项原则的基本精神，先后提出抓住重要战略机遇期与和平崛起的战略目标，提出了 21 世纪上半叶既具有前瞻性又具有可操作性的努力方向。

中国还在和平共处五项原则基础上积极参加和推动多边外交。进入 21世纪后，中国在多边外交舞台上的作用日益提高，中国坚持和平共处五项原则的基本精神，维护联合国在国际安全问题上的权威，积极参与地区性经济和安全组织，建设性地促进某些热点问题的解决或降温。中国还在和平共处五项原则基础上对全球和地区性提出了一系列有关原则，如建立中国-阿拉伯合作论坛的原则[1]，中国和欧洲合作的原则[2]，中国和亚洲

---

[1]《中国外交部和阿拉伯国家联盟秘书处在开罗发表关于成立"中国-阿拉伯国家合作论坛"的公报》，载《人民日报》2004 年 1 月 31 日。

[2]《中国对欧盟政策文件》，载《人民日报》2003 年 10 月 14 日。

合作的原则[1]等。

中国创造性地运用和平共处五项原则处理中国国内问题。在建设中国特色社会主义新时期，邓小平进一步继承和发展了和平共处五项原则，他在 20 世纪 80 年代指出："和平共处原则用之于解决一个国家内部的问题，恐怕也是一个好办法。根据中国的实践，我们提出'一个国家，两种制度'的办法来解决中国的统一问题，这也是一种和平共处。"[2]"一国两制"思想事实上是和平共处五项原则的引申和发展，让资本主义和社会主义两种制度在同一个国家内和平共处，以解决港澳台问题，并在实践中取得了阶段性成果，推动了祖国的和平统一进程。

（三）认真汲取历史教训

冷战结束后，和平共处五项原则面临一系列新的挑战，全球化使国家间经济关系更加突出，以美国为首的西方国家试图以"有限主权论"和"人道主义干预"否定主权平等和互不干涉内政的原则，美国小布什政府甚至以单边主义和先发制人的方式，使主权国家"政权更迭"，大量涌现出的政府间和非政府间国际组织日益活跃在国际舞台上，从而对以主权国家为基础的国际关系形成冲击，应对非传统安全威胁也要求在地区和全球范围内加强国家间的合作。面对这些大量的新问题，一些国家在理论上滞后，在实践上不够有力，在宣传上缺乏深度和广度，从而影响和平共处五项原则在新时期的推广、深化和发展。

从中国、印度、缅甸三个首倡国的相互关系来看，和平共处五项原则确立后，中国和印度、缅甸的关系得到较为平稳和顺利的发展。但是，1959 年，中国和印度在领土和西藏平叛问题上发生严重分歧，使两国关系蒙上阴影。同年 8 月，印度在中印边界东段侵占西藏山南的朗久地区，袭

---

[1] 胡锦涛：《中国的发展 亚洲的机遇——在博鳌亚洲论坛 2004 年年会开幕式上的演讲》，载《人民日报》2001 年 4 月 25 日。
[2] 邓小平：《邓小平文选》（第三卷），北京：人民出版社 1993 年版，第 96—97 页。

击中国边防人员，挑起了第一次中印边界武装冲突。1962 年 10 月 20 日，印度军队不顾中国军队的一再退让，在中印边界东、西两段同时向中国发起全面进攻，中国军队被迫自卫，进行了长达一个月的中印边界自卫反击战。两国关系从此陷入低谷。中缅两国关系在 20 世纪 60 年代也发生逆转。这里的原因很复杂，但和平共处五项原则的三个首倡国之间发生严重分歧，乃至武装冲突，这给和平共处五项原则带来明显的负面影响。

中国在坚持和平共处五项原则问题上也有过一些失误。中国领导人在新中国成立后的 30 年（1949—1978 年）间，一直认为世界大战不可避免，而且迫在眉睫，中国的许多内外决策也建立在这一判断之上。直到十一届三中全会前后，中国才改变了这一看法，认识到"在较长时间内不发生大规模的世界战争是有可能的"[1]。改革开放前，中国在外交实践中经常受到意识形态的干扰，时而反美，时而反苏，以意识形态划线，影响了正常国家关系的发展。在处理同其他国家关系时，也由于"左"的思潮干扰，20 世纪 50 年代末，特别是 60 年代初中期，中国外交强调推进世界革命和扩展社会主义意识形态，直接影响了中国同相关周边邻国的关系。[2]

三、从和平共处到和平崛起

（一）继续高举和平共处五项原则的旗帜

和平共处五项原则确立以来，经历了国际关系各种风云变幻的严峻考验，显示出强大的生命力。随着形势的发展，和平共处五项原则的理论内涵和实际运用不断得到扩展，影响日益深远。应该看到，世界各国联系愈益密切，全球化趋势愈益加强，人类面临的共同利害问题越来越多，要求

---

[1] 参见杨成绪：《坚持独立自主的和平外交政策》，上海：上海人民出版社 1998 年版，第 127 页。

[2] [美]威廉·奥弗霍尔德：《中国崛起：经济改革正在如何造就一个新的超级大国》，达州译，北京：中央编译出版社 1998 年版；梁守德：《面向 21 世纪的中国国际战略》，北京：中国社会科学出版社 1998 年版，第 225 页。

每一个国家都必须将行使自己的独立主权同世界共同利益的需要结合起来考虑，自觉地依照公认的国际法原则来规范和约束自己的行为。这就需要依据时代的变化，进一步丰富和发展和平共处五项原则的理论内涵和实践。在共和国成长的道路上，中国高举和平共处五项原则的旗帜，中国在今后的崛起过程中需要继续发挥这一"软力量"，使中国崛起的指导思想、理论、原则和政策为国际社会广为接受。

（二）和平共处五项原则的新发展

50 年前确立的和平共处五项原则的基本精神依然适用于现在和将来。但是，这并不等于说，这些原则就不必随着形势的变化而继续充实和发展。如果说，中华人民共和国成立之初倡导的和平共处五项原则为当时的民族解放运动和非殖民化运动做出巨大贡献的话，那么，中国的和平崛起也一定能够在新形势下为国际社会做出新的贡献。

1. 相互尊重主权和领土完整的新意义。

在新的历史条件下，中国在和平崛起的过程中，应当而且必须继续坚持相互尊重主权和领土完整的原则，这一原则在今后具有多重新的意义。中国坚持相互尊重主权和领土完整的原则有利于坚持和推动国际社会的民主化，有利于国际正义、公正、民主和进步，有利于同霸权主义和强权政治进行斗争，也为正确处理同其他国家的关系奠定良好的基础。国际社会在相互尊重主权和领土完整的原则上能够达成共识，也就相对容易在互不干涉内政和互不侵犯两项原则上达成共识，从而真正做到平等互利与和平共处。此外，坚持相互尊重主权和领土完整的原则对中国还具有重要的现实意义。中国将在 21 世纪完成祖国完全统一的大业，坚持这一原则就能更加发挥国际公义这一"软力量"并挫败可能的外国干预。主权国家仍是国际关系中最主要和最重要的行为体，国际社会必须坚持相互尊重主权和领土完整的原则。但是，国际社会正在不断重新认识和界定相互尊重主权和领土完整的原则。在可预见的将来，国际社会需要特别注意的问题有：各国在联合国和世贸组织等国际组织中的主权平等和主权让渡问题，超国家组织（如欧盟）成员国的主权、主权平等和国际社会必要干预等问题。

2. 平等互利的新意义。

在半个世纪前，首倡和平共处五项原则的中国、印度和缅甸都是建国或立国不久的新国家，它们的经济处于很低的起步阶段，相互之间的经贸关系也很不发达。当时世界经济的规模和形式也远不能同今天的经济全球化相提并论。可以说，当时和平共处五项原则的重点在政治和安全方面。当历史进入 21 世纪，国际社会在重新讨论和审视平等互利原则时，后者已经而且还将具有许多新的意义。其一，世界经济全球化应当造福于全人类和世界各国，全球化不能导致富者愈富和贫者愈贫的严重后果，也不能产生环境和数字鸿沟等新的南北差距。其二，国际社会应当十分重视在国际经济秩序下各国的平等互利问题。由于种种历史和现实的原因，广大发展中国家，尤其是一些特别贫穷的国家被剥夺了制定国际经济秩序规则和参与竞赛的权利，它们处于边缘化的境地。强调平等互利有利于保护国际社会的"弱势群体"，也有利于进一步推动世界经济的繁荣和发展。其三，积极探索新形势下的国际经济平等互利。当前和今后的世界经济全球化必将不断深化，世界经济中非国家行为体的数目不断增多、作用不断加大、影响不断扩大，国际社会必须对此挑战作出反应，努力争取在新形势下的平等互利。其四，国际社会还必须十分重视国际经济关系派生出来的社会问题。经济上的不平等已经导致世界各国在社会、教育、卫生和生活质量等诸多方面的不平等，并给全球化时代的政治、安全、外交等带来严重的后果。

3. 求同存异的新意义。

和平共处五项原则，强烈体现了处理国家关系时必须求同存异的精神。时至今日，世界在全球化进程中出现了所谓的"碎片化"，即国家、民族、地区、社区等个性特征明显增强的现象。世界各国相处时，求同存异具有了更多的新意义。第一，中国同广大发展中国家的关系，从半个世纪前强调共同历史遭遇到强调今后的共同历史任务，中国和广大发展中国家更加重视维护世界和平与经济发展。第二，在全球化时代提倡多样化与和谐并存。关于如何对待世界各国在政治、社会、经济、文化、宗教、习俗等方面的差异，中国强调的是"各种力量和谐并存"。中国认为："世界是丰富多彩的。世界上的各种文明、不同的社会制度和发展道路应彼此尊重，在竞争比较中取长补短，在求同存异中共同发展。"[1]由此可见，求同存异的内涵已经扩大，中国的立场更加理性和务实。第三，求同存异还应当向扩大共同点、缩小分歧点的方向努力。限于50年前的历史条件，和平共处五项原则所体现的求同存异精神的重点在求同。时至今日，世界日益连成一片，中国同世界各国的关系也更加密切，作为一个具有世界影响力的大国，中国应当而且可以在缩小或消除分歧的理论方面有所创新，在实践方面也有所发展，如后者可以通过双边或多边机制加以努力。

4.安全观念的新意义。

冷战结束以来，特别是"9·11"事件后，国际社会的安全观发生了很大的变化。国家安全的因素扩大到经济、科技、文化、信息等方面，产生了"综合安全""共同安全""经济安全""能源安全""科技安全""文化安全""信息安全"等新的概念。[2]在全球化和信息化时代，一国的安全和全球的安全紧密相连。世界各国必须加强合作才能获得共同安全。在此背景下，党的十六大再次强调了以"互信、互利、平等、协作"为主要内容的"新安全观"。[3]互信就是指超越意识形态和社会制度的合作，互不敌视，开展安全对话；互利就是指本国利益和他国利益兼顾，本国安全与他国安全并重；平等就是指平等相待、互相尊重和互不干涉内政；协作就是指以和平方式解决争端，开展安全合作。

---

[1] 江泽民：《全面建设小康社会　开创中国特色社会主义事业新局面》，北京：人民出版社2002年版，第47—48页。
[2] 杨洁勉、赵念渝等：《国际恐怖主义与当代国际关系——"9·11"事件的冲击和影响》，贵阳：贵州人民出版社2002年版，第348—353页。
[3] 江泽民：《全面建设小康社会　开创中国特色社会主义事业新局面》，北京：人民出版社2002年版，第48页。

（三）在和平共处中和平崛起

1978 年底，中国走上改革开放之路，也是和平崛起之路。一般理解，新中国宣布成立是在政治上崛起，现在所论述的和平崛起发展道路，则专指从中国共产党十一届三中全会到本世纪中叶中国基本达到现代化、实现中华民族伟大复兴这一历史时期，及在这一时期中国实现全方位崛起的历史定位和内涵。[1]中国的和平崛起需要多方位、多领域、多层次的努力，需要理论的指导和实践的探索。中华人民共和国从成立起，就一直在积极探索和实践和平崛起之路，其中和平共处五项原则具有重要的里程碑意义。中国的崛起进程只能是和平的，目的也是维护世界的和平与稳定，舍此别无他路。因此，中国要继续充实和发展和平共处五项原则的思想体系。

中国首倡和平共处五项原则，并将其作为中国外交政策的基本方针，其目的之一是为刚刚开始的社会主义建设创造一个有利的国际环境。[2]中国在 50 年后的今天重申和平共处五项原则的一个重要原因还是为了给中国现代化建设创造和维护更加有利的国际环境。中国有利的国际环境应当主要包括以下四个方面。

第一，有利的总体国际环境。其实也就是国际新秩序问题。1988 年邓小平在会见外宾时指出，"世界总的局势在变，各国都在考虑相应的新政策，建立新的国际秩序"，"至于国际政治新秩序，我认为，中印两国共同倡导的和平共处五项原则是最经得住考验的"。[3]1990 年邓小平在会见外宾时又谈道："现在确实需要以和平共处五项原则作为新的国际政治、经济新秩序的准则。"[4]随着中国现代化进程的加快和中国改革开放的深入，国际安全、资源、环境、文化、社会等方面的秩序问题也将进一步凸显。就

---

[1] 郑必坚：《怎样看待中国和平崛起》，载《招商周刊》2004 年第 48 期。
[2] 叶晖南、张闻天：《对我国"和平共处"外交政策的贡献》，载《党的文献》2000 年第 5 期，第 48—52 页。
[3] 邓小平：《邓小平文选》（第三卷），北京：人民出版社 1993 年版，第 282、283 页。
[4] 邓小平：《邓小平文选》（第三卷），北京：人民出版社 1993 年版，第 360 页。

国家关系而言，中国对外关系总体环境的关键是大国关系，特别是要处理好中美关系。

第二，有利的周边环境。中国同周边 20 多个国家相邻或相近，周边的环境直接影响到中国能否和怎样和平崛起。中国十分重视同周边国家改善和发展关系，争取它们的认同和接受。胡锦涛强调，中国"坚持与邻为善、以邻为伴的周边外交方针，奉行睦邻、安邻、富邻的周边外交政策，着力加强同亚洲各国互信合作，积极推动缓解热点问题，努力维护亚洲的和平与安宁"。[1]中国正在以更积极的态度和更具建设性的政策缓解和解决地区的热点问题。中国积极推动亚太经合组织、"10＋3"、"10＋1"、上海合作组织和东北亚安全合作等区域合作机制，提倡以"搁置争议、共同开发"的办法处理中国和一些国家的领土和领海争议，以共赢共享的精神加强同周边国家的经济合作。随着中国和周边国家关系的发展和深入，中国的周边环境还将扩展到金融合作、海上通道安全合作、人口流动合作、环境保护合作等更多和更广阔的领域。

第三，有利的舆论环境。中国的和平崛起需要国际舆论的支持，而中国在这方面的任务还相当繁重。中国是在很特殊的国际舆论环境中进行中国特色社会主义现代化建设的。这种特殊性首先表现在国际舆论的主导权和话语权掌握在以美国为首的西方国家手中，它们不时对中国崛起发出种种奇谈怪论，认为中国的崛起必将向守成大国提出挑战，对现有的国际秩序提出挑战，还将引起世界资源和环境问题等。在西方国家的主流舆论导向下，有的发展中国家对中国也疑虑重重，一些周边国家因而担心中国崛起会对自己造成负面影响。中国做出和平崛起的战略选择并通过各种舆论传播，在一定程度上削弱了"中国威胁论"和"中国崩溃论"的影响，起到了辨明是非以正视听的作用。中国在和平共处五项原则指导下，在今后前进的道路上要争取更多国际舆论的支持。

---

[1] 胡锦涛：《中国的发展　亚洲的机遇——在博鳌亚洲论坛 2004 年年会开幕式上的演讲》，载《人民日报》2001 年 4 月 25 日。

第四，优化中国对外关系的内部环境。在全球化时代，国内问题和国际问题相互交叉且密不可分。中国在努力改善国际环境的同时，必须妥善处理重大和关键的国内问题。祖国大陆和台湾的统一是中国的内政问题，但事关亚太地区的和平与稳定，也是事关中国和美、日及周边国家的关系，乃至战争与和平的大局问题。香港问题更是国内问题，但由于香港历史和地位特殊，香港问题中确实存在相当成分的国际因素。在新形势下，中国应当创造性地坚持"一国两制"与和平共处五项原则，处理好香港（还有澳门）问题。今后 50 年也将是中国全面实现小康和达到中等发达国家水平的关键时期，中国国内的稳定、发展、改革直接影响中国和国际社会的互动，直接影响中国的国际环境的优劣。今后 50 年还将是中国同包括周边国家在内的国际社会密切互动的时期，是中国和国际社会在政治、法律、经济、安全、能源、资源、文化、教育、旅游、环保、卫生、反毒、反走私、打击有组织和跨国犯罪集团等方面的全方位互动，中国需要拥有坚实和良好的内部基础。

和谐世界理念与中国国际战略发展 *

综观新中国 60 年的对外关系，在不同的历史发展时期都产生过对国际社会具有重要影响的战略思想和理念，如和平共处五项原则、三个世界理论、国际经济和政治新秩序、和谐世界理念等。当前，国际力量对比发生重大变化，多极化前景更加明朗，国际体系处于和平转型的关键时期，传统安全和非传统安全问题日益交织。与此同时，中国综合国力迅速加强，中国的国际地位、作用和责任也都在提升。在此背景下，中国提出和谐世界理念，并在此指导下完善和实施国际战略，塑造更加有利的内外环境，与国际社会共同促进全球的和平、发展、合作。

一、历史合力和时代需要

2004 年 9 月，中国共产党十六届四中全会作出的《中共中央关于加强党的执政能力建设的决定》，首次完整提出了"构建社会主义和谐社会"的概念。2005 年 4 月，胡锦涛在出席纪念万隆会议 50 周年活动时，又首次向国际社会提出了"和谐世界"的理念；同年 9 月，他在纪念联合国成立 60 周年大会上对此作了进一步的阐述，奠定了中国关于和谐世界的基本看法。[1]至此形成了中国对内构建和谐社会、对外推动建设和谐世界的指导

---

　　* 原文载《国际问题研究》2009 年第 5 期，第 7—11 页。

[1] 胡锦涛：《努力建设持久和平、共同繁荣的和谐世界——在联合国成立 60 周年首脑会议上的讲话》，载《人民日报》2005 年 9 月 16 日。

新时期内政外交的理论思想。

和谐世界理念是新中国对外关系总体思想的重要里程碑，它是在新中国 60 年进程中在多种合力作用下逐步形成的。秦亚青教授认为："和谐是一种社会状态，包含了和平共处、相辅相成、化解矛盾的秩序原则，包含了平等、正义、共赢的秩序精神。"[1]和谐世界理念既是中华文明优秀价值观念在当代的提炼，也凝聚了人类共同文明的进步思想。和谐理念在中国源远流长。早在春秋以前，甲骨文和金文就有对"和""同"的文字记载，如《尚书·尧典》中的"协和万邦"，《礼记·月令》第六中的"天地和同"等，后又发展成孔子的"君子和而不同，小人同而不和"及孟子的"天时不如地利，地利不如人和"的思想等。中国古代另一大思想流派道家提倡"天人合一"，即人要与自然界和谐相处，在尊重与保护自然中谋生存，求发展。秦汉以后，"和合"思想被普遍应用，渗透于各个时代各家各派的思想之中，逐渐成为中国思想文化中被普遍接受和认同的人文精神。和谐思想在西方也可追溯到古希腊时期，毕达哥拉斯在 2 500 多年前提出"和谐"的理念，苏格拉底又将其引入政治和社会领域。到近代，西方思想家对社会和谐有了更深刻的认识。在当代，虽然西方国际关系理论的主流学派大多从学理的层面否认有和谐世界，但社会民主主义坚持并倡导和谐。西方自由主义派也加强了对国家关系和谐的探索，他们强调外交、国际合作、制度安排等。[2]

和谐世界理念传承和发展了马克思主义的相关理论和思想。和谐是马克思主义哲学的核心思想之一，共产主义思想、人的全面自由发展、辩证法中都包含着和谐思想。胡锦涛指出："马克思主义经典作家认为，未来理想社会是社会生产力高度发达和人的精神生活高度发展的社会，是每个人自由而全面发展的社会，是人与人和谐相处、人与自然和谐共生

---

[1] 秦亚青：《和谐社会与和谐世界》，载《理论参考》2007 年第 1 期，第 57 页。
[2] 蔡拓：《和谐世界与中国对外战略的转型》，载《吉林大学社会科学学报》2006 年 9 月，第 51 页。

的社会。"[1]从毛泽东的"和平共处"、邓小平的"和平与发展"、江泽民的"和而不同"到胡锦涛的"和谐世界"，从中可以清晰地看到不同时期的领导集体既一脉相承，又不断发展创新。正如刘江永教授指出的那样，和谐世界理念"是对马克思主义哲学的新发展，是从过去的一分为二的对立统一的'斗争哲学'，演变为认为世界是一分为多、多合为一的'系统唯物主义哲学'"。[2]和谐世界理念将中国近年来在国际上所倡导的新秩序观、新安全观、新利益观、新发展观、新文明观等有机联系在一起，强调国与国之间的和平、人与人之间的和睦以及人与自然的和谐，阐明了中国对世界发展前途的构想和主张，即为国际社会提供国际公共产品。在当前国际共产主义运动处于低潮之际，仍旧坚持共产党领导和社会主义制度的中国用国际社会普遍接受的理念，再次为世界发展提出明确的方向，这是马克思主义当代化和中国化的一大成就。

和谐世界理念还继承发扬了中国从古到今对外关系的优良传统。"和合"思想对中国历代封建王朝的外交哲学和对外交往方式具有重要影响，它们都强调"协和万邦"，向往"天下太平"。新中国成立以来，中国一贯反对列强帝国主义和殖民主义压迫其他国家和民族的行径。以毛泽东为核心的第一代领导人强调"和平为上"，提出和平共处五项原则，并要求"把五项原则推广到所有国家的关系中去"。[3]中国还采取互谅互让、睦邻友好的方式解决中国与缅甸、尼泊尔、巴基斯坦、阿富汗和蒙古等国的边界问题，显示了中国的和平诚意。此外，中国通过参加日内瓦会议、万隆会议以及中美大使级会谈等推动地区和世界的和平。改革开放30年来，中国综合国力成倍提升，世界也经历了冷战后的巨变，中国和世界的互动日趋密

---

[1] 胡锦涛：《切实做好构建社会主义和谐社会的各项工作，把中国特色社会主义伟大事业推向前进》，载《新华文摘》2007 年第 5 期。

[2] 刘江永：《建设和谐世界：中国外交思想的新发展（理念篇）》，载《半月谈》2006 年第16 期。

[3] 毛泽东：《和平共处五项原则应推广到所有国家关系中去》，载中华人民共和国外交部、中共中央文献研究室编：《毛泽东外交文选》，北京：中央文献出版社、世界知识出版社1994 年版，第 163 页。

切。在此背景下，和谐世界理念是中国在全球化迅速发展、全球性问题和跨国问题日益增多的时代，在自身发展到具有一定国际影响的时候，向世界表述自己的理想，对世界承诺大国的责任，为世界做出的贡献。在实践中，中国坚持独立自主的和平外交政策，积极营造和平的内外环境，超越意识形态和历史恩怨，全面推进同发达国家、周边国家和广大发展中国家的关系，维护了世界和平与稳定。

和谐世界理念更是顺应了历史潮流。在全球化的进程中，各国利益交汇点不断增加，合作面日益扩大，和平协调各方权益的机制应运而生，跨国和全球性问题要求各国联手共同应对。在利益共生和挑战同对的现实面前，国际社会迫切需要先进的理念指导各国调整相互关系。美国小布什政府的单边主义已被历史证明为逆时而动的失败，中国的和谐世界理念则体现出时代性、进步性和有效性。例如，在当今世界上，存在多种文明模式、宗教信仰、价值取向、风俗习惯、生活方式、利益诉求、社会制度、发展水平等差异，这就需要"和而不同"的胸怀、"相互依存"的认识和"风雨同舟"的努力，才能使世界各国和谐相处。又如，面对环境日益恶化的现实，人类既不能听命于自然，也不能破坏自然，应发扬"天人合一"的传统精神，加强各国的协调与合作，努力争取人类与自然的真正和谐。

二、 内涵要旨和意义影响

目前，和谐世界理念仍处于不断完善和发展的阶段。就其现有的内涵，和谐世界理念可以概括为"一个世界、两大核心、三种途径和四项目标"。

"一个世界"指中国的国内发展战略和国际战略思维已是全球性，即把世界作为一个相互关联的整体来考虑和筹划，强调中国和世界紧密联系，强调世界各国相互依靠，强调国际社会共存共荣。中国在迅速发展时，追求和维护国内和谐、两岸和解、世界和平所形成的内外和谐的环境，这也就是党的十七大报告所指出的："中国发展离不开世界，世界繁荣稳定也离不开中国。中国人民将继续同各国人民一道，为实现人类的美好理想而不懈努力。"[1]

"两大核心"即持久和平与共同繁荣。和平与繁荣是关系到各国人民切身利益和长远利益的两大根本问题，也是建设和谐世界的两大核心内容。[2]和平并不完全等同于和谐，但必定是和谐的先决条件，任何社会、国家、地区乃至世界只有在持久和平的条件下才能长期和谐共处。持久和平与共同繁荣相辅相成，互为因果。中国改革开放30年及其举世公认的进步正是在和平条件下取得的，中国今后的发展也必须在和平环境下取得。在全球化时代，更不可能把一方的繁荣建立在他方的困难之上，在当前全球金融危机中，国际社会正因为明白了这个道理，所以达成了"风雨同舟"的共识，正在相互协调，共同应对金融危机和经济困难的挑战。

"三种途径"就是在当前的形势和条件下，世界各国要通过相互尊重和扩大共识达到和谐相处；通过深化合作和共同发展达到互利共赢；通过多边主义、国际关系民主化和国际文化交流等实现共同繁荣。[3]上述途径具有整体性，需要所有的行为体共同努力，共同前进；具有可操作性，凝聚了国际社会多年来探索的经验；具有前瞻性，从较长的时间框架内确立目标和前进方向。"三种途径"的提出，在相当程度上解决了和谐世界理念从理想到现实之间的转换问题。

"四项目标"即"和谐世界应该是民主的世界，和睦的世界，公正的世界，包容的世界"。[4]"民主、公正、和睦、包容"是衡量和谐世界的指标。在现阶段，"民主"主要体现在《联合国宪章》所强调的主权和大小国家平等的宗旨，国际规范、规则、准则和机制应平衡各类行为体的诉求，世界事务的决策和实施要由绝大多数的国家共同决定。"公正"是相对现存国际体系和国际秩序中的不公正性和不合理性而言的，为了纠正历史和现

---

[1] 胡锦涛：《高举中国特色社会主义伟大旗帜 为夺取全面建设小康社会新胜利而奋斗——在中国共产党第十七次代表大会上的报告》，载《人民日报》2007年10月25日。

[2] 参见李景治：《改革开放以来中国国际战略的发展及主要成就》，载《毛泽东邓小平理论研究》2008年第8期，第37页。

[3] 《第十一次驻外使节会议在京召开》，载《人民日报》2009年7月21日。

[4] 中华人民共和国国务院新闻办：《中国的和平发展道路》，2005年12月。

实的错误，当代国际体系和国际秩序应当更多地关注发展中国家，特别是欠发达国家的利益，照顾弱势群体的特殊情况和强调强势群体的义务责任。"和睦"是指各种行为体关系应当以和为贵、和平共处、和睦共处、和谐共处，特别是在发生利益冲突时更要通过和平途径解决。中国提倡的友好睦邻政策、"搁置争议、共同开发"等主张是对"和睦世界"的一种很好的诠释。"包容"在当前政治多极、经济多样、文明多元的时代更显其必要性。全球化不但没有使世界单样化，反而使它更加多样化。中国和一些国家主张的包容或宽容精神无疑有助于世界的和平与稳定。相反，如果强调"唯我独尊"或认为政治体制和发展模式之争的历史已经"终结"，那么今后仍难避免重蹈伊拉克战争覆辙，也难避免"文明冲突论"。

和谐世界理念具有深刻的现实意义和长远影响。中国推动建设和谐世界就是要应对和解决现实的挑战。不言而喻，和谐世界理念的提出并非否认当前世界的复杂性，更不是主张放弃原则斗争。恰恰相反，和谐世界理念首先是为了有效应对国际社会面对的各种困难和挑战，也是为了在世界经济面临多种困难、国际关系出现民主赤字、多种文明存在矛盾、全球安全困于传统和非传统威胁的大背景下着力排除不和谐因素。所以，中国在提出和谐世界理念时强调"推动建设"的实践性，中国和国际社会共同应对当前的金融危机和经济困难，对传统大国采取合作的态度以实现互利共赢，同新兴大国和广大发展中国家加强务实合作，与有关国家共同应对热点问题等。

中国提出和谐世界理念标志着已经走出了被动反应式的对外关系，正在以国际社会普遍认同的理念共同构建新的国际体系和国际秩序。以和谐世界理念为代表的非西方理念有力地削弱了西方对国际关系话语权的主导和控制，中国、新兴大国以及广大发展中国家通过不同形式的多边磋商以及同发达国家的协调，正在规划和运筹全球和地区的未来，从上海合作组织到亚欧会议，从中非和中阿（拉伯）论坛到中美和中欧战略对话，从积极参与联合国维和到中国海军远航亚丁湾打击海盗，中国正以更加积极的姿态争取在世界事务中有所作为。

中国强调和谐世界理念还要弥补过去中国外交在理论和体系建设方面的不足，把中国外交从政策运作提升到战略运筹和理论创新的更高层面，从政治、经济、安全、军事、文化等各个方面对中国外交进行现代化、体系化和理论化。而且，和谐世界理念还有利于开拓中国对外关系的思路，在政府外交之外，还要加强军事外交、学术外交、地方外交、民间外交、文化外交、公共外交等。在新形势下，中国外交不仅要指导和服务于经济和人员"走出去"，而且要统筹和协调对外传播优秀中华文化的工作。

三、 理念先行和战略运筹

新中国成立前后，毛泽东提出了独立自主的外交政策，确立了国际战略，即联合苏联、各人民民主国家和各被压迫民族，站在国际和平民主阵营方面，共同反对帝国主义侵略，以保障世界的持久和平。[1]20 世纪 60 年代初中苏关系公开恶化后，中国的国际战略先后改为反对"美帝苏修"的"两面开弓"和 60 年代末至 70 年代中的反对苏联霸权主义"一条线"战略。1978 年底改革开放后，中国的国际战略发生了变化，转向维护世界和平，促进共同发展，为中国集中力量进行经济建设创造良好的国际环境和周边环境。

中国在现代化和走向世界强国的进程中需要统揽全局的大战略，其主要组成部分是国内的发展战略和对外的国际战略。邓小平关于 20 世纪 80 年代初到 21 世纪 40 年代末"三步走"的设想就是中国在这 70 年里的国内发展战略目标。为了实现上述国家发展战略目标，中国制定了争取有利于国际和平环境的国际战略。中国的国际战略主要包括指导思想或理念、奋斗目标、基本途径和保障措施四项要素，现就它们与和谐世界理念的互动关系陈述如下。

---

[1]《中国人民政治协商会议共同纲领（1949 年 9 月 30 日）》，第十一条，中国政协网，2011 年 12 月 16 日，http://www.cppcc.gov.cn/2011/12/16/ARTI1513309181327976.shtml。

　　和谐世界理念是中国国际战略重要指导思想之一。国际战略思想的创新来源于决策者和战略界对国内发展需求和国际环境趋势的认知与把握，也可被视为中国国家实力上升的溢出效应之一。[1]进入 21 世纪后，以胡锦涛同志为总书记的党中央审时度势，坚持以邓小平理论和"三个代表"重要思想为指导，深入贯彻落实科学发展观，提出了构建和谐社会、和谐地区、和谐世界的战略构想。如果说，中国在很长时期内更多的是对外界做出反应的话，那么和谐世界理念的提出和对和谐世界的推动建设则是中国将其建设什么样世界的目标和途径昭示于世。值得注意的是，和谐世界理念指导下的中国国际战略凸显了世界的相互依存性，即世界的共同性，从而促进国际社会对共同利益和共同繁荣的理性审视和实践努力。中国现在不仅为世界提供了丰富的物质产品，而且为世界提供了进步的思想产品。和谐世界理念指导着中国国际战略的宏观方向，也为其他行为体的国际战略提供了具有参考价值的战略思维和多种选择。

　　推动建设和谐世界任重而道远。中国自 2005 年提出和谐世界理念以来，逐步取得国际社会的认可。但从现在起到 2050 年，世界将继续发生深刻变化，国家之间的利益将继续进行重大调整，国际力量对比消长势必伴随着利益的碰撞和重新配置，各种矛盾和挑战将层出不穷，多极格局和国际新体系的形成过程必然产生多重的失衡。在此复杂背景下，和谐世界如何从理念转化为现实，如何使国际社会的一般认可转化为指导行动的共识，如何平衡国家利益和大国责任，如此等等，都将在理论和实践方面对中国的对外关系提出新的挑战。

　　从现在起到百年国庆的 40 年里，中国国际战略的目标大致可以确定为以下五个方面。第一，构建更加公正合理的国际体系和国际秩序是中国国际战略的总体性目标。第二，建设性地处理同主要力量中心和新兴大国群体的关系是实现中国国际战略的基本保证。第三，推行睦邻友好的周边外交以及推动亚洲共同体建设是中国国际战略的重点。第四，为国际社会提供物质

---

[1] 门洪华：《中国国际战略思想的创新》，载《外交评论》2006 年 2 月，第 28 页。

和精神公共产品、承担国际责任是塑造中国同世界未来关系的必需方式。第五，提高中国文化软实力，增强中国发展模式、生活方式、文化价值观对世界的亲和力、吸引力和影响力，是塑造中国同世界关系的必要保障。

始终不渝地走和平发展道路既是推动建设和谐世界的正确途径，也是实现中国国际战略的有效途径。进入 21 世纪以来，基于国际局势的变化和国内发展的需要，以胡锦涛同志为总书记的党中央提出中国的和平发展道路，意味着中国的发展战略和国际战略出现重大调整。事实证明，中国在坚持和平发展道路时通过和平沟通与谈判改造现有国际体系，通过制度安排协调各方利益，通过价值观创造增强国际共识，正在逐步实现中国国际战略的主要目标。

实现中国的国际战略需要具体的政策和措施保障。其一，继续高举和平、发展、合作的旗帜，特别要在合作上有新思路和新方法，例如推进全方位、多层次、宽领域的合作，加强各种伙伴关系和战略对话，积极参与全球和地区合作组织，共同分享经济繁荣和文化进步的成果等。其二，坚持韬光养晦和积极有所作为。一方面，中国在很长时期内仍将是处于社会主义初级阶段的发展中国家，不能提出超出自身能力的目标和承担力不胜任的义务。另一方面，中国又是一个在世界上有重要影响的大国，必须履行国际义务，积极参与世界事务，在诸如世界热点和非传统安全等人类共同关心的问题上有所作为。其三，处理好各种对外关系，重点是要运筹好大国关系，做实做深构筑周边地缘战略依托的工作，巩固发展中国家在中国外交全局中的基础地位，积极开展多边外交，大力加强各领域外交工作。[1]其四，拥有维护和扩展中国海外利益的手段。在全球化和"走出去"的背景下，中国的国家利益已经不再局限于本土疆域之内，中国在海外的政治、安全、经济等利益不断延伸，中国需要增强实现中国利益和全人类利益共赢的新思维、新政策、新方式和新手段，所有这些都需要从长远的时间和超越地球的空间进行思考和实践。

---

[1]《第十一次驻外使节会议在京召开》，载《人民日报》2009 年 7 月 21 日。

金砖国家合作的宗旨、精神和机制建设 *

一、 金砖国家合作的宗旨与精神

（一）金砖国家自身合作的特点

金砖国家的形成和发展体现了当代国际力量对比的量变和质变进程，顺应了当代国际潮流的趋势，推动着国际体系朝着更加公正合理的方向前进。

金砖国家正成为当代南南合作和南北对话的重要载体。作为二十国集团中新兴市场国家的第一梯队，金砖国家在南南合作和南北对话中的作用无可替代。金砖国家的合作本身就是南南合作的重要组成部分，也增加了新兴大国在南北对话中的分量，从而维护了广大发展中国家的共同利益。

金砖国家强调战略性务实合作。所谓"战略性"就是要从新兴大国的整体利益出发，从促进世界和平与发展的高度认识金砖国家之间合作的意义，通过对话和交流加深政治互信，成为国际上相互尊重、平等协商的典范。所谓"务实合作"就是要以互利共赢为目标，以开放透明为前提，以机制建设为保障，拓宽合作领域，最大程度分享合作成果。

（二）金砖国家的合作宗旨

宗旨之一，在现有经济增长的基础上提高质量，并向全面、平衡和可

＊ 原文载《当代世界》2011 年第 5 期，第 22—23 页。

持续方向发展。金砖国家之间应继续拓展经贸合作的规模和深度，展开全方位、多领域的合作。金砖国家属于新兴经济体，有着与发达国家不同的发展要求，在优化本国产业结构、改善外部发展环境和提升自身国际地位方面有着共同要求。同时金砖国家还体现了广大发展中国家的发展意愿。

宗旨之二，建立具有时代特点的新型伙伴关系，体现金砖国家群体的多元化、宽领域、跨地区和可塑性等合作特色。金砖国家的合作领域不仅包括双边的经贸、金融和能源合作，而且包括气候变化、能源安全、国际发展和世界经济等全球性问题。金砖国家分布在主要发展中地区，并且是后者的主要经济体，其合作对于推动跨地区合作也具有积极意义。金砖国家遵循循序渐进、积极务实、开放透明的方式，不断推进合作，树立了具有时代特点的新型伙伴关系典范。

宗旨之三，加强金砖国家之间、发展中国家内部、发展中国家和发达国家之间的包容性合作关系。金砖国家对话与合作，对现有国际制度进行的调整是非对抗性的，是在接受现存世界治理规则的背景下逐步改革旧治理体系的渐进进程。

宗旨之四，金砖国家在国际体系和平转型中提升话语权和规制权的同时，增加对国际社会的贡献，如应对气候变化、强化能源资源保障、加强地区合作等。

从上述分析来看，我们可以将金砖国家合作的精神概括为：发展、伙伴、包容、贡献，集中体现金砖国家合作的发展导向、新型伙伴、包容而非排斥以及增加国际公共产品供给等特征。

二、 金砖国家机制建设现状与愿景

（一）金砖国家机制建设的现状和趋势

金砖国家的合作机制目前有外长会议、财长会议和峰会等若干层次，其主要机制特点是：首先，金砖国家目前只是一种软机制，仅具有松散的论坛性质,甚至没有秘书处;其次,金砖国家尚未形成一致的指导性规范,内部的稳定性有待加强;最后,与诸如二十国集团及相关的地区组织等其他机制的关系错综复杂。

金砖国家机制发展可分为乐观、中性和悲观三大趋势。乐观趋势是:金砖国家的战略大方向基本一致,即争取一个有利于发展的国际和平环境,要求改变不合理、不公正的国际政治、经济体系。在国际金融危机的背景下,金砖国家以对世界经济增长 40% 左右的贡献展现了综合实力,并快速地实现了从经济概念到具有政治经济影响的软性机制的转变,有望发展成为实体性的国际组织。金砖国家不但具有明显的比较优势,而且具有很强的互补性。金砖国家对于举办峰会态度积极,峰会议题展现了全球视野和务实精神。只要能够保持互利共赢和更加务实的态度,金砖国家机制的前景和国际影响力就值得看好。

中性趋势是:一超多强的格局仍将持续,金砖国家要想发展成一种独立的经济集团来引导或左右世界经济走向,尚显势单力薄。金砖国家还是松散的经济混合物,在国际社会的话语权还不是很大,合作象征意义居多,尚难破解具体难题。从目前来看,全球金融危机过后,金砖国家能否保留和扩大危机期间的合作成果并成为影响深远的固定机制还有待考验,其发展前景仍存在着很多不确定因素。尽管如此,金砖国家的合作仍将在困难中小步前进。

悲观趋势是:金砖国家的政治制度、价值观念和发展程度的差异构成了合作深化的深层障碍。当前世界经济原有格局还未发生根本变化,金砖国家远未能引领世界经济走向,相反存在技术落后、外贸依存度高、经济脆弱性大、内需不足等挑战。金砖国家峰会既不是欧盟一样的政治联盟,也不是南部非洲发展共同体一样的经济联盟,没有共同的议程,较难对国际议题形成一致立场和达成共同努力目标。鉴于上述挑战和局限,金砖国家合作难以取代七国集团或者二十国集团在世界事务中的地位,甚至存在趋于弱势乃至消亡的可能性。

（二）关于近中远期机制建设的建议

金砖国家近期的机制建设应该以务实性合作为主，关键是落实各国的政治共识，构建基本的机制性框架，同时辅之以对长远愿景的研究和分析。（1）总结近年峰会的经验，巩固和推进峰会机制。应确定诸如金砖国家合作的宗旨、目标、任务、成员资格等基本要素，勾勒金砖国家合作的路线图和时间表。在起步阶段，扩容需要谨慎，同时不急于设立秘书处。（2）充实合作内容，搭建多层次机制框架。重点放在可操作性强、见效快、敏感性低、共识多的领域，扎实做好每一阶段的工作再向前推进，使其步入可持续发展的轨道，避免合作出现反复。可适当增加在全球治理问题上的协调和沟通，以形成相互呼应的局面。（3）加强非官方渠道的交流和沟通，充分调动民间积极性，特别是重视智库和专家的作用，成立专家小组对合作机制进行研究、确定每年合作的主要议题、定期对合作情况进行评估等。同时可参考太平洋经济合作理事会（PECC）、亚太安全合作理事会（CSCAP）的成功经验，成立官企学联合的国家委员会，在秘书处正式成立前代行其职责。（4）增加在联合国、二十国集团内部等重大国际场合的会前协调和会后对话，增加政策的同步性，从而提升金砖国家的群体力量。（5）建立和完善争端仲裁与危机管理机制，妥善应对内部的争议，防止内部的冲突影响合作大局。

金砖国家的中期规划应在内部整合的基础上理顺与外部各种机制和组织的关系。（1）加强与联合国及其下属组织的合作，金砖国家可以承办某些重要的联合国峰会，在可持续发展、粮食安全、气候变化、国际防灾减灾等全球性问题上提出金砖国家的倡议。（2）与八国集团、经合组织等组织建立定期的对话机制，可以以金砖国家为核心，邀请其他发展中国家共同参与，使其成为南北对话的重要平台。（3）与各地区组织建立更密切关系，促进地区一体化发展。利用金砖国家在各自地区以及地区组织中的重要地位和影响力，加快地区体系和秩序的建设。（4）通过联系国或伙伴计划等方式，加强与第二层次的新兴国家和中等国家的合作，增加对其他发展中国家的援助，从而发挥多层次发展中国家的各自和集体作用。

金砖国家远期合作愿景应该实现从物质到理念的跃升，实现从地区层面向体系层面的战略飞跃。例如，为国际体系贡献新的价值观和主流思想，为破解重大全球性问题提供战略思维和思路，为国际社会提供更多的发展模式，为和平、发展、合作提供更多的理论和实际支持。

试论和平发展观的发展和挑战 *

和平发展观始于中国，也全面实施于中国。从 20 世纪 80 年代起，和平发展观逐步形成和发展，并指导着中国内政外交不断取得胜利。经过数十年的理论探索和实践检验，和平发展观已成为中国特色外交理论的重要组成部分。[1]在进入 21 世纪第二个 10 年之际，中国又做出"和平、发展、合作仍是当今世界的时代潮流"的战略判断[2]，与时俱进地丰富和完善了和平发展观。在新的历史条件下，和平发展观在继续发扬其中国属性和特性之外，还将对世界和平、发展、合作产生更大和更具建设性的贡献。

一、 中国对和平发展道路的探索

中国 30 多年的改革开放走的是一条和平发展的道路。以 1979 年 12 月召开的十一届三中全会为标志，以邓小平为核心的中国第二代领导集体决定把工作重心转向经济建设。邓小平以其特有的洞察力，精辟地分析了国际形势的变化和趋势，在 1983 年做出"世界大战打不起来"的战略判断，在 1985 年又进一步阐述了时代主题思想："现在世界上真正大的问题，带

---

* 原文载《现代国际关系》2011 年第 5 期,第 1—4 页。
[1] 秦亚青教授将时代观、秩序观和中国在国际体系中的定位列为中国特色外交理论的三大前提,详见秦亚青:《关于构建中国特色外交理论的若干思考》,载《外交评论》2008 年 2 月号, 第 9—17 页。
[2] 《中华人民共和国国民经济和社会发展第十二个五年规划纲要》,载《人民日报》2011 年 3 月 17 日。

全球性的战略问题，一个是和平问题，一个是经济问题或者说发展问题。"[1]到 20 世纪 80 年代中叶，邓小平已经基本形成了以"和平与发展"取代"战争与革命"的时代观，并以此指导中国在改革开放道路上不断取得胜利。

在苏联解体和东欧剧变后不久召开的中共十四大会议上，以江泽民为核心的中国第三代领导集体强调"和平与发展仍然是当今世界两大主题"[2]，此后又提出了"发展是执政兴国的第一要务"的科学命题。[3]在第三代领导集体运筹帷幄下，中国在国内社会经济发展方面实现了初步建立小康社会的奋斗目标，并开创了在政治多极化和经济全球化条件下对外关系的崭新局面。

党的十六大以来，中国在和平发展观指导下抓住和善用战略机遇期，继续营造国际和周边有利环境，促进了世界和平与稳定。2003 年 10 月，以胡锦涛同志为总书记的党中央认真总结了中国和世界各国在发展中的经验教训，在党的十六届三中全会上提出了全面、协调、可持续的科学发展观。提出科学发展观，首先是为了更好地指导和促进中国国内的发展，统筹城乡、区域、经济社会、人与自然等和谐发展；也是为了应对全球化对发展提出的新挑战，如发展模式、环境保护、气候变化、防疫救灾、能源危机、粮食安全等。2005 年 12 月，中国政府又发表了《中国的和平发展道路》白皮书，从实践和理论上总结了和平发展观。在科学发展观与和平发展观的指导下，中国的经济总量在 2010 年已经位居世界第二，中国对世界经济增长的贡献率已经举足轻重，中国在世界事务中的作用和地位日益提升。

在当前应对金融危机和地区动荡的挑战中，中国仍坚持和平发展道路。

---

[1] 邓小平：《邓小平文选》（第三卷），北京：人民出版社 1993 年版，第 25、105 页。

[2] 江泽民：《加快改革开放和现代化建设步伐，夺取有中国特色社会主义事业的更大胜利——在中国共产党第十四次全国代表大会上的报告》，载《人民日报》1992 年 10 月 21 日。

[3] 《江泽民在中央党校省部级干部进修班毕业典礼上强调　高举邓小平理论伟大旗帜　全面贯彻"三个代表"要求　与时俱进努力开创建设有中国特色社会主义事业新局面》，载《人民日报》2002 年 6 月 1 日。

2008 年全球金融危机爆发后，中国被提前推向世界舞台中心。近三年来，中国在新形势下坚持了和平发展道路。具体表现为：第一，中国在应对全球金融危机冲击的特殊时期提出"同舟共济，共克时艰"的理念，与世界其他主要经济体共渡难关，避免了全球出现类似于 1919—1931 年的经济大萧条，并在较短时间内走出了全球金融危机和世界经济衰退的最为困难的阶段；第二，中国在国际力量格局发生重大变化时期推动了二十国集团的实质性转变，使之成为国际社会共同应对全球金融危机的有效机制和促进国际经济合作的主要平台[1]，并在这一新平台中积极推进南南合作和南北对话；第三，中国在国际体系重组的关键时刻提出"建章立制"的努力目标，同世界各国，特别是发展中大国（新兴大国）一道努力，以和平的、谈判的方式进行国际权益再分配，实现了世界银行和国际货币基金组织的阶段性改革；第四，中国在世界热点地区发生动荡时坚持"和为贵"理念，为维护世界与地区的和平稳定做出了重要贡献，如，无论是在朝鲜和伊朗核问题上，还是在北非中东变局中，中国反对动辄以武力相威胁，乃至滥用武力，坚持以和平方式解决的原则立场；第五，中国在自身实力持续增长和国际地位迅速上升的敏感时期坚持"不当头"和"不挑战"，坚持以和平方式处理国与国之间的分歧，如 2011 年初，胡锦涛主席访美，中美两国深化了积极、全面、合作的伙伴关系；第六，中国在全球化日益深入和公民社会日益发展的全球变动时期坚持加强人文和公共外交，推进民间往来，加强文明和文化对话，夯实中国与世界各国友好关系的基础，促进中国和平发展理论与其他相似理论的汇合，并努力使之成为世界共识，进而成为人类社会维护持久和平和推进共同发展的强大理论和思想武器。

二、 和平发展观的内涵扩大和理论深化

进入 21 世纪以来，全球化、信息化、区域化进程不断提速，各类传统

---

[1]《胡锦涛出席 G20 领导人峰会前夕接受韩媒联合采访》，中国政府网，2010 年 11 月 10 日，https://www.gov.cn/ldhd/2010-11/10/content_1742286.htm。

安全和非传统安全问题日益交织，全球治理问题更加迫切，和平发展问题的内涵也随之变化。就主要和平议题而言，它已经从不打世界大战的传统安全扩大到内容更为广泛的传统安全和非传统安全并重，国际社会的主要任务也从维护和平（peace-keeping）向缔造和平（peace-making）方向转变。就和平责任的行为体而言，它们已经从国家行为体向多元、多样的行为体扩溢。从安理会常任理事国到"绿色和平"组织，从非盟和平与安全理事会到国际禁雷组织，都成为国际和平运动的行为体。就和平机制而言，除联合国仍最有代表性、权威性和合法性之外，各种地区组织的硬机制和论坛性质的软机制也不断涌现，前者如欧盟、非盟和上合组织，后者如解决朝鲜核问题的"六方会谈"和解决伊朗核问题的"P5＋1"会议等。就和平理论而言，各国政界和学界也在进行各种探索，如中国"倡导和平共处五项原则，提出互信、互利、平等、协作的新安全观，致力于推动建设一个持久和平、共同繁荣的和谐世界"[1]。在当代国际关系和平理论中比较突出的有"霸权和平论""经济相互依存和平论""文化国际主义和平论"和"国际秩序和平论"等。[2]

发展问题在过去 30 多年里也有变化。首先是国际社会在应对和解决发展问题上取得了阶段性进展。联合国 2010 年的《千年发展目标报告》指出，在 21 世纪头 10 年，国际社会在实现联合国千年发展目标方面取得了进展；报告还认为，经过努力，到 2015 年国际社会能够实现其基本目标。[3]中国、印度、巴西、南非等新兴大国的群体性崛起正在改变南北力量对比，一些发展中地区的南南合作也使南北态势朝着有利于发展中国家的方向发展。

其次是发展问题的内涵更加丰富。从时空方面讲，发展应当是长期和

---

[1] 《温家宝在联合国安理会首脑会议上的讲话（全文）》，中国政府网，2010 年 9 月 24 日，https://www.gov.cn/ldhd/2010-09/24/content_1708898.htm。

[2] 姚洪越：《21 世纪前期世界和平问题研究》，北京：知识产权出版社 2009 年版，第 27—32 页。

[3] 联合国：《千年发展目标》，http://millennium indicators.un.org/unsd/mdg/Resources/Satic/Products/Progrese2010/MDG_Report_2010_Zh.pdf。

可持续的，各国通过互利合作，最终实现全球范围的共同发展和繁荣。从领域上讲，发展问题逐步从经济向社会、文化、生态等诸多领域扩展。联合国 2000 年设定的千年发展目标已经包括消灭极端贫穷和饥饿，普及小学教育，促进男女平等并赋予妇女权利，降低儿童死亡率，改善产妇保健，与艾滋病、疟疾和其他疾病作斗争，确保环境的可持续能力，全球合作促进发展等。近年来，国际社会又推出了"绿色发展""低碳经济""同舟共济""幸福指数"等更具前瞻意义的发展思想和发展目标。

最后，主要国家都把发展列为内政外交的重要组成部分。中国共产党十七届五中全会公报指出，以科学发展为主题，是时代的要求，在当代中国坚持科学发展的主要内涵是，"更加注重以人为本，更加注重全面协调可持续发展，更加注重统筹兼顾，更加注重保障和改善民生，促进社会公平正义"[1]。美国奥巴马政府将发展提升到与国防、外交同等重要的位置，认为发展是美国对外政策不可或缺的三大支柱之一。[2]俄罗斯总统梅德韦杰夫在 2010 年推出了以"全面现代化"为主要内容的国家发展战略，强调走创新发展之路，确立了外交要为现代化服务的指导思想。[3]日本政府在 2009 年底提出了面向 2020 财年的"经济增长战略"，转变以支援企业为中心的政策，将安定的就业作为扩大个人消费的基础，以家庭消费为主致力于扩大内需，开发反映国民"幸福度"的新指标。[4]巴西、印度等新兴大国也通过积极参与全球发展议程，加强国际协作等提升影响力，营造有利的发展环境，南非还明确提出了"发展外交"的战略。[5]

和平发展观不是一般意义上的"和平学"与"发展学"之和，而是具有多层次的理论意义。和平发展观首先是时代观，即关于特定时期国际形势的总体判断和科学概括，如把当今时代称为"以和平发展为主题"或

---

[1] 《中共十七届五中全会在京举行》，载《人民日报》2010 年 10 月 19 日。

[2] 美国国务院：《四年外交和发展工作评估报告》（Quadrennial Diplomacy and Development Review，QDDR），2010 年 12 月 15 日，http://www.state.gov/s/dm r/qddr/。

[3] 季志业：《从现代化战略看俄罗斯战略前景》，载《现代国际关系》2010 年特刊，第 77 页。

[4] 《日本确定新经济增长战略》，载《人民日报》2009 年 12 月 31 日。

[5] 郑熙文：《"思想之变"下的当今世界外交》，载《人民日报》2010 年 9 月 2 日。

"以和平发展合作为潮流"的时代。在世界各国中，中国在重视时代研究和总结方面相当突出，在时代观方面形成了一整套的理论体系，如有的学者把当代中国的时代观总结为深刻变革论、和谐世界论、共同发展论、共担责任论和积极参与论五大方面。[1]

和平发展观正在打破西方的理论垄断。和平发展观包含的多元共处思维是对西方二元对立思维定式和价值观的否定。中国的和平发展思想尊重世界多元和多样化的现实，主张国际关系民主化，倡导在和平共处基础上的共同发展。与此相对照的是，美欧等主张在全球推行西方政治和经济模式。从美国小布什政府在伊拉克战争时的一意孤行到法英在当前中东变局中挑头对利比亚动武，无一不是以武力将其意志强加于人。美欧的自由主义经济发展模式在金融危机中显示出它的严重不足，并在很大程度上动摇了西方的自信心和优越感。

和平发展观还具有多重战略含义。它既包含中国以科学发展观为指导的国内经济社会发展战略，也包含中国应对国际挑战和营造良好国际环境的国际战略。近些年来，中国的和平发展观在国际战略层面又有了新发展。和平发展观从根本上否定了通过战争进行扩张的帝国理论，并把所有建设性力量聚集在和平、发展、合作的旗帜下共同努力。持久和平与共同发展已经成为国际政治的常用概念，经常出现在国际性文件中。中国正在和各行为体有目标、分步骤地塑造有利于世界持久和平与共同发展的总体环境，加强全球性和地区性机制建设，促进世界各国的经济、政治、社会等全面发展，共同凝聚和平、发展、合作的共识等。

三、 和平发展观的实践检验和理论挑战

进入 21 世纪第二个 10 年以来，世界和平、发展、合作面临新的实践检验。从全球看，世界局部形势更加动荡，新挑战不断出现。其一，世界经

---

[1] 张晓彤：《胡锦涛时代观的中国主张》，载《瞭望》2009 年第 47 期，第 32 页。

济恢复乏力，欧洲主权债务危机的阴影挥之不去，能源危机和通胀威胁不时显现；其二，美欧利用北非中东变局加紧推销西方价值观和在冷战后掀起"颜色革命"，跨大西洋联盟试图使利比亚发生政权更迭；其三，地震、海啸、核辐射的"三合一"冲击使"日本陷入历史上最大的危机"[1]，国际社会可能就此进入复合型非传统安全的挑战期；其四，西方遏制中国的势力和中国某些邻国的忧虑重合，在 2010 年掀起了一场不大不小的反华浪潮，声称中国不再韬光养晦，不再走和平发展道路，而是要向世界展示"肌肉"。而中国国内的和平发展也面临许多新课题，如发展速度和质量的悖论、国家利益和全人类利益的平衡、理性政策选择和民粹主义制约等。

在理论建设上，和平发展观也面临着自身完善、国内有效性和国际有效性等挑战。对和平发展观的挑战首先来源于自身的理论建设。一方面，要继续全面总结中国内政外交的丰富实践，前瞻新任务，不断完善和平发展观，并将其融入科学发展观和中国特色外交理论；另一方面，还要增强中国作为全球大国在理论建设上对世界所负的历史使命，提出关于世界发展和国际关系趋势的理论，为各国和平发展提供更多公共产品。对和平发展观的挑战还来自国内问题有效性方面。和平发展观已经成功地指导了中国过去 30 多年的改革开放，但今后 30 年还需要在统筹内外两个大局中与时俱进，特别是对民生、社会管理、现代舆论等进行理论创新，夯实和谐社会的内部基础。国际有效性构成了对和平发展观的第三方面挑战。当中国日益强大并举世瞩目之时，和平发展观的世界属性进一步显现，因此，和平发展观需要加快与世界主要理论观点的磨合，需要在应对和破解世界重大问题上体现出指导意义，需要得到国际社会的普遍认可和认同。为此，中国要从政策着手有效地处理当今世界事务，从战略高度擘画世界发展的路线图，以理论创新破除西方对国际关系和外交理论的垄断，以事实和说理打破西方舆论对中国的傲慢与偏见。

---

[1]《日本面临史上最大危机》，凤凰网，2011 年 3 月 30 日，https://news.ifeng.com/c/7fZVWsacpmL。

　　理论建设是一项长期任务，需要提前运筹和确定重点。今后 30 年有关和平发展观的理论建设有以下五个重点。第一，以历史使命感和时代精神整合和平发展观。展望今后 30 年，和平发展观面临两大任务：一是在全球范围内加强理论创新，形成西方和非西方国际关系理论的百花齐放，并在相互比较和竞争的基础上整合成新的和平发展观；二是在全球范围内继续维护和平与稳定，防止传统和非传统安全问题威胁、影响和冲击人类社会的共同发展，使和平、发展、合作成为更加汹涌澎湃的历史潮流。中国在今后 30 年应当而且可能建构相对完整的和平发展观，其中包括国内稳定、社会和谐、科学发展、持续发展、平衡发展、共同发展、体系重组、机制创新、制度改革、观念共塑、文化共处、理想共生等要素。中国的政界和学界需要共同努力，将以上要素整合成内涵更加丰富、目标更加集中、任务更加多元、思想更加多样的完整的和平发展观。

　　第二，更新和平发展观中的和平理论。展望今后 30 年的和平理论，不仅要继续研究和平与战争这一传统课题，而且要在更广泛的范围对和平进行新的解读与界定，超越相对于战争的狭义的"和平"，在个人、社会、行为体、环境等相互和谐基础上建构广义的"和平"。为此，中国要在坚持和平发展道路的历史进程中逐步丰富和平理论的内涵，如以国家间和平促世界和平、以公正公平促社会和平、以科学发展促生态和平、以思想交融促文明对话等。当然，和平理论在更新过程中还要回答失衡、动荡、战争等诸多问题，准备迎接更多理论和实践的挑战。

　　第三，更新和平发展观中的发展理论。中国对外关系在今后 30 年将从"经济为主"的阶段进入"综合平衡协调发展为主"的新阶段，因此应将和平发展道路和"发展外交"统一起来，在全面、协调、可持续的科学发展观的基础上建构新的中国与发展中国家、发达国家的"协调发展理论"。所谓"协调发展理论"，是指在以和平、发展、合作为潮流的时代，各国在经济、社会、政治、外交和安全综合发展时，需要对各自和相互的基础、条件、挑战和目标进行协调，确立相关战略思维和互动框架。同以往发轫于西方的发展理论相比，"协调发展理论"体现了当代国际力量对比趋向平衡的时代特点，克服了原有发展理论偏重于经济的单一倾向，超越了当前主流发展理论的西方视角的局限性。

第四，重视和平发展观中的文化元素。和平发展观是具有世界意义的理论，它必须不断吸取古今中外优秀文化的养分。中国首先要从自身做起。中国优秀传统文化是科学发展观和中国特色外交理论的重要渊源。中国优秀传统文化需要在与时俱进中复兴发展，增加和平发展观的民族、历史和哲学元素，并合成更加光辉灿烂的当代优秀文化。同时，中国还要继续学习和借鉴世界各国经济增长和社会管理的科学理论、科技进步的基础和应用理论，以及对非主流文化的包容性等。中国正在同世界各国和多种文明加强互动，中国传统和当代优秀文化需要同其他文化相互交融，形成全球认同的和平发展观的文化共识。

第五，加强和平发展观中的制度保障元素。在和平发展观形成过程中，制度保障问题曾被提及并被列入中心位置。对于整个世界来说，今后 30 年最重要和最根本的任务是实现国际体系改革，使之更加公平、公正与合理。为此，中国和其他新兴大国需要把日益增强的综合国力应用于充实南南合作和推进南北合作，需要对国际保障机制进行理论创新，需要在战略上谋划阶段性目标和任务，提出代表世界多数国家和人民意愿的方向和目标，以求在全球性和地区性建章立制方面取得实质性进展。

全球治理困境和中国方案思考*

2008 年全球金融危机以后，全球治理问题更加凸显，成为国际社会的主要议题之一。与此同时，中国也在此后的八年中逐步走近世界舞台的中心，成为全球治理的重要建设者和贡献者。中国作为一个负责任的发展中大国，积极向国际社会提出中国方案和做出中国贡献，但也面临着能力与任务差距巨大等挑战。

一、全球治理的主要困境

国际社会在当前全球性挑战不断增加和反全球化运动不断高涨的内外环境下，在理论、战略、制度和实践等方面都陷入了一时难以自拔的困境。

第一，理念和理论的困境。全球治理的理念始于西方，理论也发展于西方。在 20 世纪 90 年代全球化加速和冷战结束的新形势下，全球性挑战日益突出，联邦德国前总理勃兰特首先提出了全球治理的命题，瑞典前首相沃尔森和英联邦前秘书长兰法尔领衔成立全球治理委员会，发表了《天涯成比邻——全球治理委员会的报告》。与此同时，美国学者罗西瑙主编和出版了《没有政府的治理》。此后的西方全球治理理论主要建立在所谓的共同利益、共同动力、共同市场和共同目标之上。在西方境遇较为顺利时，这些带有自由主义和建构主义色彩的理论成为主流。但在全球金融危机和

---

* 原文载《探索与争鸣》2017 年第 3 期，第 54—56 页。

反全球化运动的双重夹击下，西方理论中的现实主义抬头，再加上保护主义、排外主义、极端民族主义和民粹主义的社会思潮，西方的全球治理在理念上难以出新，在理论上更不能自圆其说，在道义上失去号召力。

第二，知行分裂的困境。全球治理反映了世界各国和人民对"地球村"和"四海一家"的美好理想，但往往难以体现在世界各国的现实政治、经济和社会之圆桌会议中，使理想和现实产生巨大的矛盾。2008年以来，国际热点问题有增无减，"伊斯兰国"问题严重，中东乱象丛生和战乱不止，难民浪潮冲击欧洲，朝鲜核导挑战更趋严峻，世界经济复苏乏力，国际协调口惠而实不至。加上传统媒体和新媒体的放大和渲染，人们时时为全球治理问题而担忧，感到前途渺茫。

第三，制度和战略的困境。一方面，全球治理需要超越时空的制度机制，但当前的全球治理制度和机制显然滞后于形势的发展。在全球安全治理方面，《联合国宪章》和权威得不到应有尊重，安全治理机制时常难以奏效。在全球经济治理方面，无论在贸易和投资，还是在金融财政方面，现有治理机制和治理需求的矛盾都非常突出。在全球非传统挑战方面，公共卫生、反恐打恐和防灾救灾等问题上更是缺少或缺乏全球治理。另一方面，全球治理需要更加长远和全面的战略，但在选举政治和政党政治的现实中，全球治理的战略趋向短视、碎片和相互抵触，国家和全球的战略共识难以形成，更不用说付诸实施了。

二、 务实可行的中国方案

中国学界从20世纪90年代初就开始介绍和研究全球治理问题，但中国政府的公开立场较为谨慎，在2008年全球金融危机之前主要集中讨论国际秩序和国际体系问题，此后才逐步公开采用、讨论和推进全球治理。对于全球治理的主要出路问题，中国提出了如下的方案。

在理念和理论方面，中国从全球治理的整体性、道义性和目标性方面提出了自己的主张。中国批判"美欧中心论"，在国际政治和经济问题上强调当今世界的多极化、多元化、多样化和信息化的时代发展趋势。中国批判西方"历史分割论"和"双重标准"论，在发展问题和气候变化问题上强调共同但有区别的责任和义务。中国批判西方的"文明优越论"，在文明和文化问题上强调文明对话和文化交汇。在此基础上，中国提出了"人类命运共同体""新型国际关系""新型大国关系""新安全观""正确义利观"等理念，并推动全球治理的理论体系建设。

在知行合一方面，中国从历史唯物主义和辩证唯物主义的立场出发，在以行促知、以知促行、知行合一方面取得了长足的进步。全球治理的第一属性是物质的和实践的。中国在方方面面努力践行全球治理，推进南南合作，加强南北对话，维护世界和平，打击恐怖主义，改善公共卫生，在众多的实践中总结和提炼当代全球治理的原则、理念和理论，并且以与时俱进的原则、理念和理论指导自身的相关工作，以此和整个国际社会在体系、体制和机制的关键点上共同努力。中国通过联合国、二十国集团、"一带一路"倡议、亚投行、主场外交、多边和双边外交等各种平台，不断在知行合一方面有所创造和前进。

在制度和战略方面，中国在以下三方面可圈可点。第一，中国强调更加公正合理的建章立制，在政治上反对霸权主义和提倡平等对话，在安全上反对排他的自身绝对安全和提倡可持续的共同安全，在经济上反对坚持一己私利的旧制度和提倡共同利益的新机制，在新公域上反对天马行空的独断专行和提倡"共商共议共行"的新规矩。第二，中国强调分步渐行的务实推进。在战略部署和战略重点上，中国主张先易后难和先经后政，早期收获和长远目标相结合，分阶段压茬前行。事实上，中国以经济和发展问题为重点的战略已经取得了阶段性成绩。第三，中国强调以身作则的示范作用。中国还是个发展中国家，但坚决主持公道和伸张正义，主动承担国际维和与发展义务，大力推进气候变化的国际合作，在特定条件下坚持多与少取，甚至只与不取。

在应对全球性挑战方面，中国表现出大国的责任、担当和风范。第一，坚决维护世界反法西斯战争的成果和以联合国为核心的国际体系与国际秩序。中国在纪念联合国成立 70 周年之际，联合国际社会进步力量，不仅有力地反击了否定第二次世界大战成果的歪风邪气，而且强调要增加广大发展中国家在国际体系和国际机制中的代表性和发言权，体现了时代和历史的进步意义。第二，努力推进重大全球计划。中国把联合国《2030 年可持续发展议程》同"十三五"规划全面对接，在援助和帮助非洲方面写出大手笔和做出新成绩。中国在促成应对气候变化的《巴黎协定》上发挥了主要作用并做出重大承诺。第三，积极应对非传统安全挑战。中国同国际社会共同努力，有力地维护了全球经济和金融的稳定，成功地应对了埃博拉病毒的挑战，建设性地促进全球网络秩序和安全建设。

三、 中国的困难和挑战

中国从地区走近世界舞台中心只有短短的八年时间，中国在相当长的历史时期内还是处于社会主义初级阶段的发展中国家，因而在全球治理问题上将长期面临以下三大挑战。

第一，经验不多和能力不强的挑战。以中国过去八年的经验同世界近代、现代和当代国际体系历史相比，可以说是微不足道的。中国必须认识到自己在全球治理的重大问题上准备不够、实践不足、经验不多、队伍不强。在全球治理方面，中国的跨越式进步是一个方面，但脚踏实地的工作又是重要的另一方面，两者不能厚此薄彼，更不能顾此失彼，相反需要相辅相成。近年来，我们在中美关系、周边问题、海洋争端和国际话语权等方面面临的困难正是对我们的提醒，要我们始终保持清醒的头脑和稳健的步伐。

第二，国际影响和全球意义的挑战。中国特色外交理论目前尚处于建设的启动阶段，但全球治理的实践和理论需求又迫在眉睫，颇有远水要救近火之势。而且，中国特色外交理论顾名思义是源于中国和基于中国的理论，但要以此指导中国的全球治理需要大量扩容和全面升级，在保持其独特性的同时增加其全球共性。此外，中国倡导的全球治理的理念和理论需要在转换之后才能成为国际公共产品，同国际社会兼容，其任务的艰巨性和长期性是不言而喻的。

第三，突出重点和有效应对的挑战。中国在全球治理方面的任务纷繁复杂和变化多端，而且中国的能力与任务的差距十分巨大，因此不能四面出击，而应抓住重点。这就是习近平主席再三强调战略思维和顶层设计的原因之所在。在当前和未来相当长的时间内，中国在全球治理方面的优势主要在于其顺应时代潮流的正义性以及不断增长的发展理论和能力。其他方面的需求和任务与此相比是第二位的，在必要时是需要而且可以做出妥协和让步的。

总而言之，中国在全球治理问题上不仅要有理论和有战略，还要在应对和解决全球治理的重大问题上有办法和有效应。唯有如此，中国方案才能真正帮助全球治理走出目前的困境，到达成功的彼岸。

绿色是高质量共建"一带一路"的底色[*]

"一带一路"绿色创新发展是中国政府持之以恒的发展理念，绿色是高质量共建"一带一路"的底色，创新是实现高质量发展的重要实践路径。

第一，中国自身致力于绿色发展的政策努力体现一种为其他发展中国家腾挪国际市场空间的国际道义。推动"一带一路"绿色创新发展体现中国发展的大国道义。当前，中国对于"双碳"目标的国际承诺和有力践行，本质上是一种发展权利的国际让渡。在既有产业结构模式下，中国需要通过大幅度控制传统产业发展达到减排的目标。在国际市场需求总量一定的情形下，若不考虑短期内有效技术升级，国际市场需求必然转移至"一带一路"沿线其他国家和地区。在中国履行"碳减排"国际承诺的同时，其他发展中国家则在最大程度上享受"共同但有差别的责任"所赋予的发展权利。

第二，中国致力于绿色创新"一带一路"建设是人类生产与地球生态承载平衡的道德准则问题。区别于其他中小规模经济体，中国巨型人口规模和短期快速工业化进程对全球生态影响深远。既有发展模式下，大规模工业化和城市化进程中产生的资源和能源消耗，将导致地球生态产生过载现象。当前，中国调整自身经济增长与外部环境的关系是一种生态道德理念的重要体现。中国自承诺履行碳减排义务后，国内政策调节力度前所未有。当中国停止海外煤电投资项目后，对于未来 30 年全球能源格局将产生

---

* 原文载《联合时报》2021 年 11 月 14 日。

实质性影响。

第三，数量型增长与质量型增长的重新平衡事关中国自身发展竞争力以及塑造世界可持续发展议程的能力。在"一带一路"高质量发展的背景下，绿色创新导向的政策实践关乎大国关系、人类发展与地球生态承载能力之间的平衡。将绿色和可持续标准融入"一带一路"建设，体现了中国从全球治理层面致力于联合国《2030 年可持续发展议程》的重大政策尝试。

近年来，中国致力于"一带一路"绿色创新发展，探索成功的实践路径。我国通过创新技术和产品的国际分享为"一带一路"绿色发展奠定重要生产力基础。2017 年首届"一带一路"国际合作高峰论坛召开前后，由当时的中国环境保护部、外交部、发展改革委和商务部联合发布《关于推进绿色"一带一路"建设的指导意见》，明确提出要推广绿色交通、绿色建筑、清洁能源等行业的节能环保标准；推动企业遵守国际经贸规则和所在国生态环保法律法规、政策和标准，高度重视当地民众的生态环保诉求；加强绿色供应链管理，推进绿色生产、绿色采购和绿色消费，加强绿色供应链国际合作与示范；推动我国金融机构、中国参与发起的多边开发机构及相关企业采用环境风险管理的自愿原则；此外，鼓励相关行业协会制定发布与国际标准接轨的行业生态环保标准、规范及指南等。以资金融通为例，基于绿色标准的融资规则对于市场行为影响深远，以新开发银行和亚洲基础设施投资银行为主导，探索融资机制创新，引导其他市场投资资金流向的布局优化。同时，中国以重大项目引领区域实践，以技术合作驱动绿色创新。"一带一路"沿线发展中国家绿色创新发展需要以重大项目为中心，发挥重大项目的资源协调和国内改革驱动功能。通过重大技术创新合作项目实施，激发发展中国家致力于技术创新的参与热情；通过重大项目产业化，推动发展中国家提升产业竞争力和绿色化转型。2021 年金砖国家领导人峰会召开前夕，金砖国家新工业革命伙伴创新基地在厦门揭幕，有 28 个项目签约，总投资金额达 134 亿元人民币。这些创新基地是提升金砖国家未来产业竞争力的重要实践，将成为解决发展中国家产业发展继续往上走所需要突破的国际政治、国际产业链瓶颈问题的重要制度创新。这些项目以后还会在其他金砖国家生根落地，将使得金砖成员国共同受益。未来可以"一带一路"绿色创新的政策推进为导向，推动更多的绿色发展项目在不同区域的布局优化，发挥重大项目的区域资源整合和发展引领作用。

下　编

学科叙事

中国国际战略研究的成就和不足[*]

虽然中国的国际战略研究起步较晚，但经过各方的努力和中央领导的重视，现在已经初具规模，其理论意义和实践效应也正在显现。在近期和中期，中国国际战略研究的一项重要工作是确立阶段性目标和任务，并把研究成果应用于或转化为中国的对外关系实践。

一、 国际战略的界定及其研究

国内外关于国际战略的定义尚无统一的看法，其实也不必完全一致。在全球化和信息化的今天，国际战略应当为全球战略所替代，但为行文统一，故仍以"国际战略"称之。所谓"国际战略"，是国际关系行为主体（主要是但并不局限于国家行为体）处置相互关系的全面和长远规划。中国的国际战略目前主要涵盖外交、安全和军事、经济、文化等四大方面。笔者认为，国际战略研究是项应用性极强的学问，既是理论和学术性的，也是实践性的，其最高层次是理论和实践的有机结合。中国目前有理论研究，也有实践（所谓实践走到理论前面），但尚缺少两者的最佳结合。

在改革开放的 30 年里，随着中国综合国力的提升和中国同国际社会互动的深入展开，中国的国际战略研究也进入了新的时期。21 世纪以来，中国对国际战略的关注主要在政府、学界和大众三个层面展开。在政府层面，

---

* 原文载《国际政治研究》2007 年第 4 期，第 5—8 页。

战略已经超越了谋略的初级阶段而进入全面和长远规划的阶段，这在中国的外交和军事部门尤为突出。对外关系的需要是中国国际战略研究的强大动力。

学界中的国际战略研究迅速发展的重要原因有四。其一，国外同类研究成果的大量引进，成为国际关系和国际政治学科的重要组成部分；其二，中国学者在引进的同时初步使之中国化，"天下兴亡，匹夫有责"的优良传统使国际战略研究得以广泛开展，30 年的改革开放孕育了一批战略家；其三，政府对高等教育的超常规投入，使高校的国际关系专业大量涌现，国际战略研究的平台迅速发展；其四，中国智库的发展也是重要原因，2006年评选的全国十大智库大都同战略研究有关。

中国民众以特有的热情关注中国对外关系和体现在热点问题上的国际战略，从某种意义上讲，他们为中国国际战略研究提供了"草根"受众。中国的民众通过传统媒体了解中国的主流国际战略观，通过互联网和手机等现代化通信工具进行广泛讨论。在当今中国，网民们对中国外交和安全的影响已经引起了政府的高度重视，成为决策过程中必须考虑的因素。

二、 成就和不足

中国的国际战略研究已经取得了相当的成就。它已经超越了政策宣示或诠释，正在众多领域开展极有意义的研究工作。中国的国际战略研究已经初成体系，正在向成熟的学科建设迈进。一些单位和个人已经为国家承担了大量课题，出版了学术专著和论文，高质量的政策报告也在逐步增多。

中国已经出现了一批国际战略研究骨干单位，如中央党校国际战略研究所、国防大学战略研究所、北京大学国际战略研究中心、中国现代国际关系研究院国际战略中心、上海国际问题研究所战略研究室等。这些机构召开会议，承担课题，开展讨论，并成为中外国际战略和外交安全方面的重要交流平台。

但权衡其所肩负的重任以及在国际上进行横向比较，中国的国际战略研究还存在许多不足之处。如理论创新不够，述而不作的现象较为普遍。又如，研究机构缺乏整合能力，研究课题的前瞻性和实用性也有问题，一些大学的研究与国家需要严重脱节。再如，中国的国际战略研究机构和个人都存在知识单一的缺陷。

中国的国际战略研究还有两个较大的问题。一是对议题的重视程度不够。国际战略目标的实现是通过主要着力点（议题）而逐步完成的。国际战略研究的主要任务就是要确定主攻方向和勾画路径，这是中国的研究者在今后需要应对的主要挑战之一。二是研究者不仅对中国的国际战略及其实施评估不够，而且对自己的研究总结也不够，从而影响到历史经验教训总结的有效性，并影响到中国国际战略的完善速度和程度。

三、 阶段性任务和研究框架构建

中国国际战略研究应当理论和应用并举，远期和近期结合，确立阶段性目标因而就特别重要。我们先要认清近中期的国际环境，即从现在到2020年全面建成小康社会的10多年时间里，站在历史的新起点，全面统筹国内和国际两个大局，准确界定催化中国和其他主要行为体的国际战略重大变化的根本原因，梳理和提升中国的国际战略文化。笔者认为，本阶段的中国国际战略目标就是顺利完成从发展中国家向初步发达国家的历史性过渡，并为中国到2050年成为中等发达国家奠定基础。为此，中国要处理好三对重要关系，即作为新兴大国的中国和作为守成大国的美国的关系，作为新兴国家群体重要成员的中国同发达国家的关系，中国和其他新兴国家的关系，这是中国国际战略在全球范围内的力量格局关系。中国还要努力加强同上述国家的价值观共识的建设，在基于利益的国际战略观和基于民主的国际战略观之间达成最大公约数，为世界和平、发展、合作构建必要的共识。同时，中国还要在议题设定、机构建设、规范制订等方面向国际社会提供公共产品。

面对如此艰巨的阶段性任务，中国国际战略的研究工作应有宏观把握的总体框架。第一，需要确立中国国际战略研究的总体思路和大体计划，国家进行政策性引导，研究单位进行网络性协调，统筹全国资源和确立重点课题。第二，要充分认识到理论和学术基础的重要性，加大国际战略学科建设的力度，加强国内的学术交流。第三，学术单位和政府部门、企业、非政府组织等建立机制化和常态化的合作，夯实研究的支撑基础。第四，学术研究单位要成为政府和大众之间的桥梁，而传统和现代媒体则是把研究成果转化为大众支持的重要中介。第五，学术研究也要建立自己的评估体系，在自我反省中不断提高水平和影响，为中国国际战略研究以及战略本身作出应有的贡献。

习近平外交思想国际传播的时代需要和现实挑战 *

习近平外交思想是当代马克思主义中国化在国际关系和外交领域中的结晶，是中国特色大国外交的指南和根本遵循。同时，它又是当代国际关系和外交前沿思想理论极其重要的组成部分，也是国际社会在百年巨变中科学认识世界潮流和处置全球事务的理论武器。从这个意义上讲，习近平外交思想产生于中国，但又与世界密切相关，是国际社会共同建设新型国际关系和人类命运共同体的重要理论。

一、 时代变迁和历史进步需要科学理论的指导

当前是国际格局从多极化走向多极的关键前夜，也是世界人民对公正共富日益增长的诉求与霸权独赢之间的矛盾不断深化的时期，还是国际/全球治理体系新旧交替的重要过渡期。在此过渡时期，世界形势充满迷思和乱象，时代需要对此现实进行客观分析和产生正确指导实践的理论——在此历史条件下，习近平外交思想应运而生，并在不断发展中散发熠熠生辉的理论光芒。

实际和实践是理论的基础和本原。当代百年巨变和中国两个百年奋斗目标等体现了历史的进步，中国的实践自觉正在改变自身和世界，并对人类社会产生划时代的影响。正在创造历史新篇章的中国人民不仅需要总结

＊ 原文载《国际观察》2022 年第 2 期，第 13—17 页。

自己的实践，而且要把中国的实践同整个国际社会的实践联系起来，从而达到更加高度的实践自觉性。党的十八大以来，中国在国际体系、多边主义和"一带一路"等方面大力提倡和践行"共商共建共享"等原则，体现了在国际关系和全球事务上的实践努力和实践自觉。

国际社会面临转型期的巨大而严峻的挑战。近些年来，国际关系和全球事务的实践和理论挑战不断增加，而且变得更加严峻。在现实挑战方面，从美国试图扭转霸权衰落的颓势而推出特朗普这个"非典型"的总统，到拜登政府以团伙式多边主义维护其世界领导地位，从新冠疫情肆虐全球到全球治理体系严重缺陷和滞后，无一不说明世界的不稳定和不确定因素正在急剧增加。不仅如此，国际社会的思想迷思和理论混乱也在不断加重，民粹主义、单边主义、极端主义、排外主义等相互交织，并与政治对抗、经济衰退、军备竞赛、生态恶化和科技挑战等叠加放大。面对如此严峻的世纪挑战，许多有识之士呼吁国际社会不能权宜应付而应合力解决，并且寄希望于以中国为代表的世界进步力量，发挥引领和动员的作用。

习近平外交思想有效呼应了国际社会对当下和长远应对挑战的诉求，具体地讲，以当代历史唯物主义和辩证唯物主义的立场、观点、方法观察和分析当代世界，倡导正确的历史观、大局观、角色观，强调要观察时代、把握时代、引领时代，与国际社会共同认识人类社会从哪里来、在哪里和去哪里。中国作为习近平外交思想的发源地，有义务也有能力和世界共享这一伟大的思想理论财富，与各国共同建设更加美好的明天。

二、 习近平外交思想国际传播的可能和挑战

当前，整个国际社会以不同的出发点关注中国的改革开放、中华民族的伟大复兴和中国的国际地位作用。许多非西方国家还在努力研究习近平外交思想所蕴含的理论指导和思想引领，并希望从中汲取实践经验和思想启发。

中国化马克思主义的深化拓展、中国特色社会主义的巨大成果和中国

特色大国外交的不断进取等，为习近平外交思想的国际传播奠定了坚实基础，中国综合国力的持续增强和中国国际影响的不断提升也为习近平外交思想在国际上的传播提供了必要条件。与此同时，习近平外交思想作为中国软实力的重要组成部分，正致力于为中国在世界上获得更多的规制权和话语权，中国在不断扩大和深化的对外关系发展过程中也确实需要向国际社会传播新时代中国外交思想，从而争取更多的国际支持和更加有利的国际环境。

此外，世界上许多国家从习近平外交思想迄今所取得的成果中看到了这一外交理论体系的指导意义和有效作用。习近平外交思想给那些既想维护本国政治经济独立和外交自主，又想参与全球化和全球治理的国家提供了有别于美国西方理论和更加符合广大发展中国家利益的理论选择。

世间万物皆存在于对立统一之间，习近平外交思想的国际传播同样面临困难和挑战。对于这一光荣但又艰难的历史使命，需要我们坚持不懈地努力，特别在近期和中期需做好以下三方面工作。

首先，要战胜来自内部的挑战。讲好中国故事的基础和前提是干好中国的事情，继续开创中国特色大国外交的新局面；进而要更好地弄懂、悟透、掌握习近平外交思想的精髓，并在国际传播工作中逐步做到深入浅出和厚积薄发。

其次，要做好国际的团结合作工作。国际上的思想理论认同要远远难于物质产品的交换，这是深层次的文化和理论互动。中国代表着当代历史的进步，但是国际社会认同和接受习近平外交思想是个长期的发展过程，往往需要更多的耐心和推介，在交流中实现交汇，在融合中达到共识。

最后，需要在国际交锋中克服实践中的种种困难和战胜理论上的"歪门邪道"。美国等西方国家至今仍试图以其在思想理论上的"优势"弥补其在硬实力上的日益式微，炮制诸如"修昔底德陷阱"和"民主对专制"之类的理论，坚持"丛林法则"和唯我独尊的过时理念，不断贬低和抹黑中国。面对不利舆情环境，我们要有清醒的认识，要准备在持久战中打赢这场理论战线上的硬仗。

三、 中国国际关系学界光荣而特殊的使命

党的十八大以来，中国国际关系学界在努力学习和落实习近平外交思想的同时，还在积极探索建设中国特色国际关系理论和加强国际传播交流之路，并增强其分析和解答实际问题的能力。

第一，中国国际关系学者正努力在"两个确立"和"两个维护"中作出应有的贡献。习近平新时代中国特色社会主义思想指导着中国走向伟大的民族复兴，习近平外交思想则是中国在国际关系和外交外事中的根本遵循，中国国际关系学界理当将其落实于我们的专业领域。在当前百年巨变、新旧国际体系交替等复杂的国际形势下，中国国际关系学界除负有与全党和全国同样的学习任务外，还要以鲜明的专业特色加以落实。中国国际关系学界不仅要研究具体的国际问题，而且要在习近平外交思想的指引下，登高望远和提纲挈领地研究新型国际关系和人类命运共同体等大局性和方向性问题。

第二，中国国际关系学界需要在习近平外交思想指导下加强中国特色国际关系理论的体系建设。党的十八大以来，中国国际关系学界显著改变了以往的"戴帽穿靴"的政治学习路径，即在引用有关政治理论或论述后，还是围绕西方的国际关系理论展开研究。现在，越来越多的中国国际关系学者正在认真学懂、弄通和悟透习近平外交思想，成为学习和传播习近平外交思想的先锋队和生力军。中国国际关系学界研究习近平外交思想的量和质都有了提高，正在努力打通政治理论和学术理论的"任督两脉"，提高学术研究的政治站位和增加政治理论的学理研究。中国国际关系学界在继续吸收优秀外来思想理论的同时，积极开展国际传播，大力对外交流和宣介中国特色国际关系理论，并为此进行必要的辩论和斗争，进而不断扩大中国特色国际关系理论的国际意义和世界影响。

第三，在习近平外交思想指导下，中国国际关系学界努力以中国特色大国外交理论观察、分析和解答世界当前面临的挑战。毋庸讳言，以美国

为首的西方国家在当前世界国际关系理论界仍占据着主导地位，但这并不能掩盖其理论的基础、立场、主体和对象等的过时，更不用说发挥其引领作用。回忆 40 多年前，中国国际关系学界为改革开放摇旗呐喊，奋斗在对外交流的第一线。如果说当时在理论方面较多的是"引进"，那么现在中国国际关系学界的重点要逐步转向"对外传播"。为此，中国国际关系学界需要勇立时代进步的潮头，在夯实基础理论和应用理论研究的基础上，加大国际传播工作的力度和效果，与世界分享中国的理论、智慧和方案。

新时代中国区域国别学科建设的理论意涵与学术治理*

　　党的十八大以来，中国的区域国别学科在习近平新时代中国特色社会主义思想，特别是习近平外交思想的指引下，在有关部门、院校和专家学者的共同努力下，已经在研究、教学和人才培养等方面取得了显著的进步，并继续向纵深方向发展。当前，继"国家安全学"之后，"区域国别学"成为新的一级学科已成呼之欲出之势。

一、 中国的区域国别学科建设进程的内外背景

　　在革命和战争年代，中国共产党和毛泽东主席在推进国际共产主义和世界社会主义运动时，纵览时代风云和关心区域国别研究。在当时艰苦的革命和战争时期，这些研究不可能是学科建设，因而只能使其直接服务于中国的新民主主义革命和反对帝国主义及反法西斯战争，重点在于苏联、欧美、日本以及亚太等区域国别问题。在毛泽东的总体运筹和周恩来的具体关心下，中国共产党在延安时期就成立了区域国别研究的雏形机构——马列学院（后改为中央研究院）的西方革命史室和国际问题研究室等，同时聚集了一批包括区域国别专家在内的国际问题专家。

　　中华人民共和国成立伊始，国内百废待兴，国外强敌压境。中国在外交上需要冲破封锁和广交朋友，既要在朝鲜战争和越南抗法战争中高举国

　　* 原文载《亚太安全与海洋研究》2022 年第 4 期，第 1—11 页。

际主义的旗帜，也要在国内经济建设中获得最大限度的国际支持。在党中央，特别是周恩来总理的关心下，中国国际问题研究院和上海国际问题研究院的前身分别于 1956 年和 1960 年成立。[1]根据中央的统一部署，北京大学、中国人民大学和复旦大学于 1963 年成立了国际政治系，还有一些大学也成立了区域国别研究机构，如西北大学中东研究所和四川大学中国南亚研究中心的前身等。中央部门还专门成立了区域国别研究机构，如中联部的拉丁美洲研究所等。此外，一些学界前辈在研究单位和大学担任区域国别研究的学术骨干，如北京大学的黄绍湘、南京大学的王绳祖、中山大学的蒋湘泽、云南大学的陈吕范、中国国际问题研究所的庄去病等。这些机构和学术骨干的研究和教学工作为新中国区域国别研究做出了历史性的贡献。遗憾的是，1966—1976 年的"文化大革命"中断了这一进程，造成了机构、资料、人才的断层，有些负面影响至今仍未完全消除。

"文化大革命"结束后，中国开始恢复区域国别研究，并在改革开放中迎来了发展新高潮。从 1978 年底召开中共十一届三中全会到 2012 年的 30 多年时间里，中国的区域国别研究大致经历了三个阶段。第一阶段（20 世纪 70 年代末到 80 年代末），以中国社会科学院的区域国别所为先行，以高校的专业设置、机构设立和人才培养为主体，基本搭建了中国区域国别的研究教学框架，并在国际交流中"请进来"和"走出去"。第二阶段（从 20 世纪 80 年代末到 20 世纪和 21 世纪之交），中国的区域国别研究教学经历了国内的政治风波、苏联解体、东欧剧变和冷战结束等重大内外考验，坚持了正确的政治方向并开始探索中国特色的学理、学术和学科建设道路。第三阶段（21 世纪头十年），中国区域国别的研究、教学和人才培养抓住了战略机遇期，以教育部建设区域和国别研究培育基地为标志，开始重点探索为国家总体外交服务的新道路。

党的十八大以来，中国的区域国别研究又上了新的台阶。在理论建设

---

[1] 中国国际问题研究院系中华人民共和国外交部直属专业研究机构，前身为创设于 1956 年的中国科学院国际关系研究所；上海国际问题研究院隶属于上海市人民政府，前身系建立于 1960 年的上海社会科学院国际问题研究所。

方面，确立了以习近平新时代中国特色社会主义道路思想以及习近平外交思想为中国区域国别的研究、教学和人才培养的指导思想和遵循纲领，积极创新了区域国别研究、教学和人才培养的理念和理论，开始了在国际学理和学术交流方面从仰视到平视的新阶段。与此同时，中宣部、中联部、外交部、教育部等在国家层面加大了对区域国别研究的战略布局、资源配置和课题指南等方面的顶层设计和落地做实工作的力度。在研究教学方面，教育部备案和培育的研究机构已经超过了 400 多个，基本实现了地域上的全覆盖，在交叉学科和跨界合作等方面进行了新的努力和探索，并为提升区域国别成为一级学科而奋发向前。

二、 新时代区域国别研究的政治和学术意义

到 21 世纪中叶，中国将全面实现中华民族的伟大复兴，建成富强民主文明和谐美丽的社会主义现代化强国，区域国别研究教学和人才培养等都需要站在这一政治高度以及相应的学术深度予以认识和提升。

（一）区域国别学科建设的时代意义

纵观世界近现代史，全球和地区大国都很重视区域国别的研究、教学和人才培养。正如钱乘旦教授所指出的那样："对于一个在世界上有影响力的国家而言，国别与区域研究工作实际上也是一个大国国际地位的学术支撑。"[1]但是，区域国别研究在不同的时代具有不同的意义。殖民大国在拓展、掠夺、压迫殖民地时，在研究区域国别方面是下过功夫的；帝国主义在争霸、称霸、护霸时，更是非常重视对区域国别的研究、教学和人才培养。当前，中国走的是和平发展道路，高举和平、发展、合作、共赢的旗帜，更要在区域国别的研究和教学等方面主持公道和伸张正义，建构不同

---

[1]《国别与区域研究的学科建设——钱乘旦教授访谈》，载《俄罗斯研究》2022 年第 2 期，第 16 页。

于西方的理论理念，促进世界的进步和人类的幸福。

因此，开创具有中国特色和世界意义的区域国别、教学和人才培养的新局面是国际格局"东升西降"的有机组成部分，也是纠正500年来历史不公的必然进程，更是人类社会走向公正共富的实践和理论探索。

（二）区域国别学科建设对于当代中国的思想理论意义

过去，中国在综合国力处于落后境地时，虽然对于区域国别学科的道义、理论、实践和学术等问题也有很多抱负和建议，但只能局部地推进。当前，中国正在比历史上任何时间都更加接近伟大复兴和世界舞台的中央，正在国际关系和全球事务上发挥中国的建设性作用并为对人类做出更大贡献而努力奋斗。中国要在舞台上扮演好具有建设性的正面角色，就要更加全面、客观和深刻地理解世界，加强对区域国别的研究、教学和人才培养。为此，中国要在学术领域上超越西方过时的理论观念，为广大非西方国家和地区建构符合时代潮流的区域国别学科而做出应有的贡献。

对于中国本身而言，区域国别学科建设至少具有以下四点重要意义。其一，区域国别学科建设是加强思想文化建设的重要组成部分，需要从百年巨变和中华民族伟大复兴的战略全局来认识其重要性、紧迫性、必要性，从而提高在相关问题上的理论自觉和文化自信。其二，区域国别学科建设需要以历史唯物主义、辩证唯物主义的立场、观点、方法等解读历史、分析当前和面向未来，需要不断纠正西方的错误、歪曲乃至反动的相关事实、立场、观点，并在此基础上超越具体事件而进入思想理论的更新和提升。其三，中国的区域国别学科不是纯粹的学术研究，它从一开始就具有强烈的政治意义。党的十八大以来，区域国别研究教学与国家的总体外交、"一带一路"建设、新型国际关系建设和人类命运共同体建设紧密相关，自然也就成为社会主义智库建设的重要组成部分。其四，中国的区域国别学科建设过程不仅需要正确的政治思想指导，而且需要具体体现在专业领域之中，形成政治理论和学术理论的建设性互动和相辅相成。在政治理论和学术理论融合的大背景下，中国的区域国别学科建设才能开创具有中国特色又有世界意义的新局面。

（三）区域国别学科建设对于当代世界的思想理论意义

对于世界而言，中国的区域国别学科建设也具有强烈的现实政治意义和长久的政治影响。而且，中国的区域国别研究对于整个非西方或发展中国家政治建设具有重要的促进作用，甚至是引领作用。

第一，世界正处于百年巨变的挑战期，国际关系中的政治安全因素突出和趋重，国际社会面临世界秩序和全球治理体系改革重组的关键时刻，中国在区域国别研究中体现出来的正确历史观、大局观和角色观有助于国际社会认识和顺应历史潮流与共建美好明天的伟大事业。

第二，中国在区域国别领域的正确政治思想一旦成为国际主流政治思想的重要组成部分，就能极大地影响世界各国，特别是大国和邻国的政治立场和思想方法，增进它们与中国的思想共识和话语共识，或是应对它们对中国的错误认识和话语攻击。

第三，区域国别是国际社会最为重要和基础的行为体，政治集中体现了区域国别的体制机制的本质、价值取向和实体运作。正如党的十九大报告所指出的那样："中国特色社会主义道路、理论、制度、文化不断发展，拓展了发展中国家走向现代化的途径，给世界上那些既希望加快发展又希望保持自身独立性的国家和民族提供了全新选择，为解决人类问题贡献了中国智慧和中国方案。"[1]

（四）区域国别学科建设的学理学术意义

中国从区域大国走向全球大国和强国是逐步渐进和全面深入的历史发展进程，其中理应包括在自然科学、人文科学和社会科学等方面的同步发展。中国学界把区域国别学提升到一级学科的高度，不仅需要提高政治思

---

[1] 习近平：《决胜全面建成小康社会 夺取新时代中国特色社会主义伟大胜利》，载《习近平谈治国理政》（第三卷），北京：外文出版社 2020 年版，第 8—9 页。

想站位，而且需要加强相关的学理学术建设。

区域国别学科作为重要的科学分枝，自有其内在系统逻辑和发展规律。强调学科建设就是要在科学的基础上循序渐进，不断认识其历史轨迹，总结出主要经验和基本短板，明确学术攻关的主要任务和方向。就此而言，我们在研究区域国别问题的同时，需要而且可以对中国迄今为止的区域国别研究进行学术梳理和总结。其实，梳理和总结往往能够悟出新的学理，推进专业进步，增强中国的学术自信。

中国学界在创建新的一级学科时，自然需要发扬"筚路蓝缕，以启山林"的学术开拓精神，虚心地借鉴兄弟一级学科的建设经验，全面地建构本学科的主体框架，科学地确立学术发展重点，前瞻地培养领军和骨干人才，有序地实现学术队伍新老交替，积极地开展国际学术交流。唯有如此，才能使中国的区域国别研究成为名副其实的一级学科，从而不负国家的期望和学界同仁的努力。同时，需要指出的是，区域国别学科的国际性、涉外性和动态性都很强。因而，在其一级学科建设的进程中要抓住以下的学术特点和学理个性。

其一，在区域国别学科建设上要传承和发扬中国对待区域国别的基本原则，如知己知彼、近悦远来、睦邻友好、和为贵等，需要与时俱进地把中国的优秀文化思想学理化、当代化、大众化和国际化。

其二，在区域国别学科建设时要以"努力学习世界上一切优秀文化"的虚怀若谷的心态进行国际交流和交汇。相比于美欧，中国在区域国别学科建设上是个后来者。中国要充分认识到后来者的劣势，要尽可能地借鉴那些有用的学科指导思想、学科体系、研究方法和人才培养等。与此同时，中国还要充分发挥后来者优势，避免前人走过的弯路，赋予本学科以新的内涵、新的理论和新的体系，创造性地开启前进新路。

其三，抓住当前国际形势发展的机遇，创建中国特色的区域国别学科。中国的最主要特色在于坚持中国共产党的领导和社会主义道路，在学科建设时需要具体落实到学术学理上，使后者服务于中国和世界的进步事业。在专业建设方面，要夯实区域国别学科的理论研究基础，阐发学科理论于实际分析和实践贯彻，扩大学科运用范畴和教学受众范围，呼应实践的需求和接受实践的检验。在国际学术交流方面，要努力争取把中国特色、国际影响和世界意义有机地结合起来，提高中国的区域国别学科在国际上的感召力和影响力，进而共同推动全球性的区域国别学科建设及其可能的引申拓展之处。

三、 区域国别学科的学术边界、主体和体系

中国区域国别学科建设需立意高远，以不懈的努力向国内一流和国际一流的方向努力。同时在此进程中，又要牢记"千里之行，始于足下"，要把宏伟蓝图实现于脚踏实地的苦干巧干之中。

（一）明确学术需要

我国现有学科目录中，区域国别学尚未被列为单一学科，与其相近的新兴交叉学科如国家安全学已是一级学科，国际政治和国际关系则仍是"法学"之下的二级学科。在中国的现行学科体制下，列为一级学科极其重要，而区域国别学大有希望在学科类别中实现跨越式提升而成为一级学科。成为一级学科后，区域国别学的学科建设就能在学术地位、资源、人才等方面的支持或支撑下，对区域国家进行全方位的、整体性的、多角度的、全息式的分析，不仅能填补学术上的空白，还能更好地完成其被赋予的历史使命。当然，也有学者对此持有不同意见。著名非洲问题专家李安山认为："随着学术交往加深，学界认识到地区研究是一个多学科的综合领域，不可能成为单独的学科。"[1]他的意见自有其道理并需要我们怀以兼听则明的目的而加以倾听。

（二）在学科交叉中逐步明确学术边界

区域国别研究的学科定义和学科边界是当前的一个主要议题。首先，

---

[1] 李安山：《中国的区域国别研究：历史、目的与方法》，载《云大地区研究》2020 年第 2 期，第 172 页。

相对稳定和动态发展。学术边界并非一成不变，区域国别学科也是如此。一个世纪以前，国际关系学科脱身于历史学学科。一个世纪以来，国际关系学科又在与外交学、政治学、国际政治、世界经济、国际贸易、军事学、社会学、国际传播学等的交叉发展中继续发展。同理，区域国别学科在上升为一级学科的学术发展中，有的学科边界在交叉融合中扩大，但也有的在跨界合作中缩小。后者的一个明显例子是，区域国别研究和国际新闻及国际传播等的边界日益重叠，并在相当程度上为后者所替代。就今后十年而言，区域国别学科需要在扩大中吸取其他学科的营养，如马克思主义学科、哲学学科、综合经济学、人文学科和某些高新科技学科等。道理很简单，区域国别学作为新兴学科，受到西方同类学科的影响较多，但又要承担国家的应急任务，因此要借鉴上述学科的历史深度、研究宽度和思想厚度去弥补先天的不足和后天的失缺。

其次，融合交叉学科和实现跨界合作。当前，一些高校在区域国别学科建设中有不同的努力和创新。例如，张蕴岭教授在其新作《国际区域学概论》中为国际区域学提供了一个整体与系统的分析框架，从国际区域观、国家与国际区域、国际区域政治、国际区域经济、国际区域文化、国际区域关系、国际区域合作和国际区域治理等方面进行深入分析，提出其在国际区域构成与运行中的定位、含义与相关理论。[1]又如，2020 年 7 月 15 日，浙江师范大学非洲研究院院长刘鸿武在华东师范大学的一次学术讲座中强调，中国区域国别研究获得创新发展的要务是将"领域学"与"区域学"有机结合起来，相互支撑，并综合与贯通。[2]

再次，融合产生新的知识体系。区域国别学科建设需要全国有关研究教学单位群策群力、共同发展。区域国别的研究、教学和人才培养要与时俱进，主动对接国家的需求，要"先有队伍，再有任务"和"先有任务，

---

[1] 张蕴岭主编：《国际区域学概论》，济南：山东大学出版社 2022 年版。

[2] 参见《讲座回顾｜刘鸿武：中国区域国别研究的历史溯源与未来趋向——兼谈中国非洲研究如何扬长补短创新发展》，华东师范大学历史学系网，2020 年 7 月 20 日，http://history.ecnu.edu.cn/c0/8f/c21733a311439/page.htm。

再组队伍"双管齐下。当前，中国的区域国别研究正站在新的起点上，特别要注意与新兴社会科学和人文学科、高新科技学科、可能形成的新交叉学科进行合作互动，或至少提前作好准备。

（三）学术主体和学术体系建设

区域国别学科的主体尚在讨论的过程中，学界的意见和建议也不尽一致。有的建议以历史研究为基础来发展和拓展，有的建议以语言和人文出发而形成新的学科，也有的建议以"国际问题研究"为主体。同时，我们还要打破思想定式，超越学科陈式，特别不能局限于通常所说的"政治、经济、社会、文化四个领域"，而应拓展到"气候、环境、地理、资源、水源、技术、人口、种族、宗教、教育"等领域。[1]因此，本人比较倾向于在当前阶段宜相对宽泛地把学术主体确定为国际问题研究，因为后者的包容性、弹性和中国特性等有利于这一新兴学科的定义、界定和发展。

在确定学术主体后，还要加强学术体系建设。区域国别学科亟待建立起一套具有本学科特色的知识体系、理论体系，特别要注意多学科的综合平衡关系。在学科交叉建设的过程中，还要以学术主体为出发点，形成主干明确、分枝发达的学科体系。

此外，区域国别学科需有别于相近学科的特色，如区别于地缘政治、战略和经济等，又如区域国别与全球治理、区域合作、次区域次国家等的互动等。还要研究重要人物的作用和影响，如欧洲联合进程中莫内和舒曼的作用和影响，非洲独立与进步进程中恩克鲁玛、尼雷尔和曼德拉等的作用和影响，俄乌冲突中普京、拜登和泽连斯基等的作用和影响等。

（四）学术前沿和学术创新建设

区域国别学上升为一级学科，要在对已有学术研究总结的基础上推陈

---

[1]《国别与区域研究的学科建设——钱乘旦教授访谈》，载《俄罗斯研究》2022年第2期，第6页。

出新和构建未来的发展框架。首先，大体勾勒出学术主体在未来数十年的发展方向、建设路径和人才培养的重点等。学科建设需要相当时间的学术积累和人才培养，前瞻性的长远规划往往能有事半功倍的效果。其次，基本确定学术主体和交叉学科的主要内涵和基本外延，争取在宏观、中观、微观等方面实现基本平衡，在学科建设中实现其科学性、学理性和创新性。现在有些国内院校的区域国别研究在宏观上视野不够开阔，在微观上又不能精准细致，这些都需要在学科建设和发展中予以重视并加以解决。最后，学科的创新要与未来国家和世界发展的轨迹基本一致，加强政治理论和学术理论的结合，重点培养复合型人才队伍，在与科技、金融、社会、思潮等共同进步中实现学科的交叉和跨界合作。

四、 强化中国学术治理和适时适度推进相关改革

如其他领域一样，区域国别学科建设具有中国特色体制机制的优势，后者在许多情况下尚未得到完全的发挥，因而需要在学术治理上狠下工夫。而且，也要集全国之智和用全国之力，与时俱进地对现行体制机制进行改革和发展，使其更加成熟和完善。

（一）辩证地处理学术治理和学术自由的对立统一关系

区域国别学科的研究、教学和人才培养需要集体行动和个人学术自由的有机结合，需要国家的总体治理和单位的部门治理加以统筹、协调和管理等。治理的内涵和方面包括但不限于：学术道德要求、学术规范规定、学术评价体系、学术管理制度、学术权责划分和学术利益分配等。[1]学术

---

[1] 参见王务均、王洪才：《学术逻辑与行政激励：中国大学的双轨治理机制》，载《大学教育科学》2022 年第 2 期，第 28—36 页；马永霞、葛于壮：《集体行动视阈下大学学术治理的实践逻辑与整合机制》，载《中国高教研究》2021 第 12 期，第 37—42 页；陈亮：《论大学学术治理能力现代化》，载《华东师范大学学报（教育科学版）》2021 年第 2 期，第 89—99 页。

治理和学术自由是一个问题的两个方面，机械的"二元对立论"会导致学术治理与学术自由的相互排斥，而包容的"对立统一论"则能最大限度上促进治理和自由的良性互动。我们在推进区域国别学科建设时对此要有辩证的认识，不能将两者对立起来，更不能以片面强调西方所谓的"学术自治"来否定中国社会主义制度下的"学术治理"。

（二）促进现有重点基地的高质量发展

教育部的重点基地和中宣部的重点智库在相当程度上承担着主力军和先锋队的政治和学术使命，但也面临着领军人才新老交替、高级人才无序流动、学术创新动力递减和研究队伍内卷等问题。而且，当前的重点基地和重点智库进难退也难，因此要有严格的"退出"机制，即如果不能达标，则应将其除名。

（三）发挥多种区位优势和积极性

在京重点院校有着得天独厚的优势，研究实力雄厚，需要继续充分发挥其作用。但京外院校在数量上占绝对多数，在研究内容上具有地方特色，而且往往还有较大的积极性。为此，要充分发挥京外院校的特殊优势，如东北院校对俄罗斯、日本和朝鲜半岛的研究，新疆院校对中亚地区的研究，华南院校和西南院校对东南亚地区的研究等。还有的院校等通过自身的努力，开创了区域国别研究的一片新天地，如北京第二外国语学院的中东研究、浙江师范大学的非洲研究和安徽大学的德国研究等。

（四）发挥各类院校的积极性

当前有众多的高等院校在区域国别研究上表现出极大的热情，其情可嘉，其力可用。在此仅挂一漏万地列举四类院校的积极性。一是综合性院校，如北京大学的区域与国别研究院起到旗舰标杆作用，南京大学运用其综合学科优势而获批牵头成立中国南海研究协同创新中心。二是理工类院校，如同济大学运用其专业特长，加强了德国有关问题的研究。三是师范类院校，如华东师范大学借助马列和思政优势而在俄罗斯研究上独树一帜。四是外语类院校，如广东外语外贸大学利用其多语种和多学科的优势，在中东欧研究上独树一帜。

（五）超越高校的视野和努力

在区域国别学科建设方面，我们还要充分发挥中国的体制机制优势。因此，我们的目光要超越教育部系统，争取更多的支持，加强多方合作，实现融合发展。一是与国家及省区市社会科学院的合作，在基础研究和应用合作上实现互补共进。二是与中央和地方职能部门的合作，在战略、政策、舆论、信息等方面相辅相成。三是与经济科技部门和单位的合作，在研究供需对接上实现研究成果的转化。

（六）积极探索新的"通才＋专才"的培养途径

区域国别学科因其处于成长期和国际形势的急剧变化而需要在人才培养方面走出一条创新的道路。其一，"通才"和"专才"的基本培养途径。有的要"先专后通"，如对区域国别的经济研究；有的要"先通后专"，如对区域国别的社会思潮研究，但最终都需要达到"通才"和"专才"的融合出新。其二，"通才"和"专才"的任务驱动。区域国别学科要超越培养什么和输送什么的路径依赖，要主动服务于国家急需和学科补缺，并在考试考核方面要有所突破。其三，"通才"和"专才"的双向互动。中国在走向学术强国的进程中，不仅需要引进国外高级人才，而且要向国外输送引领人才，在中国对外关系的重点地域和领域下先手棋。上海社会科学院自2004年起承办年度"世界中国学论坛"[1]，对世界各国研究中国问题具有

---

[1] "世界中国学论坛"由国务院新闻办公室和上海市人民政府共同主办，上海社会科学院和上海市人民政府新闻办公室联合承办，是一个高层次、全方位、开放性的学术论坛。该论坛旨在为海内外中国学研究界提供对话渠道和交流平台，反映中国学研究的动态与趋势，鼓励观点创新，推动学派共荣，增进中国与世界的相互了解，建设具有世界影响力的中国学学术共同体。上海主论坛每两年举办一届，自2004年以来，已连续成功举办九届。2015年，该论坛开始走出国门，先后成功举办世界中国学论坛美国分论坛、东亚分论坛、欧洲分论坛、拉美分论坛等。

相当的示范和引领作用。其四，"通才"和"专才"都要接受实践的检验。区域国别领域的研究、教学和人才培养不能只看过程，还要看结果。在学科建设中，要有"坐得板凳十年冷"的治学精神，也要有在国际上"舌战群儒"的实际能力，更要能为国家和世界的进步做出应有的贡献。其实，多管齐下和殊途同归并不矛盾，目标都是培养和善用人才，使他们对某一区域国别的基本情况具有比较全面的认识和了解，也对特定问题领域具有深刻的研究和分析。

五、 结语

中国走向全球大国和全球强国的历史性进程需要不断提升实践自觉、理论自觉和文化自信，在全面推进中国特色大国外交中也需要不断从必然王国走向自由王国。因此，中国学界积极开展和努力优化区域国别学科建设，既顺应了历史发展的潮流，也呼应了时代对学界的殷切期望，更能在实践探索和理论创新中培养出新一代的专家学者。

在此背景和条件下，中国的区域国别学科建设和发展大有可为、未来可期。但是，区域国别学科能否最终成为一级学科还有待时间的验证。即使成为一级学科，之后还有很长的路要走，需要我们持之以恒的不懈努力。中国知识界从来就有勇立时代潮头的志气和决心，中国国际关系学界更是站在改革开放的前沿阵地。当前，我们学界同仁在区域国别学科建设中既要"进得书房"作文撰书，也要"出得课堂"投身实践，在百年未有之大变局中做到基础研究和应用研究的有机结合，在应答时代命题挑战中做到追求理想和砥砺前行的二者兼顾，在区域国别学科建设中做到建构学科体系和进行学科创新的相辅相成。

区域国别学科建设的指导是正确的政治方向和学术目标，基础是相关的专业，平台是研究教育机构，抓手是研究课题，依靠则是各种人才。中国是人才大国，但还不是人才强国。而且，在区域国别研究学科中，综合性、交叉性和复合性人才的匮乏更是突出的短板。从国家层面方面，要真正落实对区域国别人才的政治和物质待遇；在地方和部门方面，要把工夫用在培养人才而不是互挖墙脚上；在用人单位方面，要充分发挥资深人才的指导作用、中年人才的骨干作用、青年人才的先锋作用；至于各类人才，主要应是求之于己，努力奋发建设好区域国别学科。

区域国别学是国家急需的学科，但区域国别学的学科建设不应也不能急于求成。在学科建设的进程中，要提倡各抒己见和博采众长，事先听取不同的意见和建议，这样事中就能少走弯路，事后也会少些遗憾。而且，中国的区域国别研究学科建设还需要加强国际交流。中国学界要向对象国的专家学者学习，与各国同行切磋交流，在国际交流、交汇、交锋中把中国的区域国别研究学科提升到国内和国际的"双一流"！

全人类共同价值国际传播的重点和难点*

在国际上传播全人类共同价值，可以说是"使命光荣、任务艰巨、时间持久"。人类自进入文明时代后，不仅在物质文明上不断发展和创新，而且在精神文明上逐步拓展和深化。在所谓的"轴心时代"（公元前 800 年至公元前 200 年间），即奴隶社会和封建社会，中国、欧洲和印度先后开启了对人类共同价值的思考和探索，并在以后的历史中逐步接触和延伸，如中国和印度通过佛教这一媒介进行交流和交汇。在资本主义社会，欧洲凭借其经济科技实力而将其人文优势进行拓展，18 世纪的启蒙运动向世界传递了"自由、平等、博爱"的思想，在相当范围内和一定时期内为人类共同价值作出了贡献。19 世纪的马克思主义更是站在真理和道义的制高点上，倡导世界历史思想、人民为中心的价值观、为全人类求解放等，为人类共同价值观指出了新的前进方向。

当历史进入百年巨变和中国崛起的新时代，习近平总书记把"和平、发展、公平、正义、民主、自由"总结为当代的人类共同价值。这一总结的时代意义主要有三点。

一是客观和全面总结了历史和当前的现实，提炼了人类价值的最大公约数，并以此促进各种文明相互依存、协同共进、合作共生，促进了人类价值观的里程碑式升华。中国版的"人类共同价值观"符合国际社会多数成员"求和平、谋稳定、促发展、图共赢"的共同愿望，因而得到了他们

---

* 原文载《国际问题研究》2022 年第 5 期，第 41—43 页。

的认可和认同。

二是为人类共同价值提供了中国智慧、中国方案和中国贡献。中国倡导的全人类共同价值凝聚了人类不同文明的价值共识，超越了意识形态、社会制度和发展水平差异，符合现实和顺应历史潮流，加大了当代人类共同价值形成和发展的速度和力度。

三是打破了以美国为首的西方国家在人类共同价值上的垄断，增加了人类的共性和代表性。长期以来，美国等西方国家信奉"西方中心主义""西方文明优越论""普世价值论"等，时至今日仍捧着过时的价值观理论，贬低、否定、排斥其他的人类价值。而中国倡导的人类共同价值观集中体现了中国的博大胸怀和对人类命运的高度责任性，为人类解决全球性危机、走出现代性困境、建设地球美好家园提供了科学理念和现实路径，成为中国和大多数国家共同凝聚和提升人类共同价值观而努力奋斗的鲜明旗帜。

在国际上传播中国版人类共同价值的任务既光荣又艰巨。光荣自不必说了，其艰巨性主要表现在以下三个方面。第一，要夯实国内基础。"打铁先要自身硬"，中国自己要把全人类共同价值这一伟大命题弄通、悟透和落实。毋庸讳言，少数中国学者仍旧缺少文化自信和理论自信而"言必称希腊"，且在社会上还是有一定的影响，这是中国学界特别需要注意的。第二，充分认识国际传播的艰巨性。商品、资金、科技的国际交流基础比较宽泛，容易形成共同需要，而各种思想意识和价值观融合的难度要大得多，时间跨度也要长得多。而且，中国在人类共同价值上的国际传播对象也是全人类和全世界的。如此任务的艰巨性是题中应有之义。第三，要准备好应对美西方的长期围堵和打压。当代中国和以美国为首的西方国家在思想意识和价值观的差异、对立是最大的，也是最多的，以美国为首的西方国家在国际话语权和国际传播权方面仍占有优势，中国在国际上传播全人类共同价值将面临以美国为首的西方国家强烈的围堵和打压。

"破"与"立"是一个问题的两个方面，在国内有时可以做到"'破'字当头，'立'也在其中了"。但在国际上不同的条件，更多地恐怕还是需要"立"字在先，"破"则在后。因此，中国在人类共同价值的实践、学术和理论等方面要与时俱进，不断更新和创新。这样才能做好有关的国际传播工作。

在如何做好国际传播和争取国际话语权方面，有三点建议。第一，在实践方面要强调有效实践和探索实践。一是在反全球化和去全球化面前要知难而进，不能内向或内卷，也不能无所作为。二是要根据新的形势和条件加强有效实践，中国在大国崛起以及处理与美国的关系时要多做有说服力和有效应的国际传播。三是要采用更加有效的方法和手段进行国际传播，例如根据不同的对象和信息社会化的特点而做好对全球社会大众的国际传播。

第二，在学术方面要强化和深化研究。学界做好做深学术研究就能在国际传播方面做到厚积薄发和深入浅出。建设和传播人类共同价值是个长期的过程，学界在学术研究方面既有责任也有专长。首先，综合平衡"以我为主"和"世界一体"的关系。研究人类共同价值要从我做起，先把中国的立场观点研究透彻了，才能由近及远和由此及彼。其次，人类共同价值的研究工作要融会贯通，就是把中国和世界各国视为一体进行研究，否则何以称为"全人类"呢？最后，学术研究要有规划、有队伍、有人才。现在，狭义的人才和队伍已经有了，但交叉和复合型的人才则少之又少。

第三，在理论方面要强调更新和创新建设。当前阶段的全人类共同价值的国际传播理论建设的重点在于时代性、创新性、大众性。国际传播的理论要呼应和平发展的时代主题和时代命题，从哲学和理论的高度引领全人类共同价值的国际传播工作。与此同时，这方面的理论建设不仅要继承，更要有发展，以创新的理论去指导代表时代进步的思想倡议等。此外，国际传播要提高全世界人民认同和推进共同价值的基本理论，并且成为他们的自觉认识和共同行动。

后 记

值此三本书付梓之时，首先，感谢本人供职 40 余年的上海国际问题研究院及其领导和同事们的鼓励、支持和帮助，使我身处世界著名智库，放眼天下和纵论世界风云，以专业知识服务国家，促进世界的和平事业。其次，感谢华东师范大学和上海外国语大学两所母校，使我能长期以兼职博士生导师的身份直接参与国际关系和区域国别学科建设，并对国际问题研究和学科建设互动互补有了更加深刻的认识。再次，还要感谢在国内国际交流、交叉学科互动和跨界合作时支持和帮助过我的同行，他们是激励我坚持研究、教学、人才培养的精神力量和专业动力。此外，特别要感谢我的博士生沈若豪同学的帮助，没有他的尽心竭力，这三本书断难成编。若豪同学的本科及硕士研究生的学业是在美国完成的，希望他在选编助理的工作中对中国自主知识体系有所认识和领悟。最后，当然要感谢出版社和编辑人员的认真和高效。

有人问我，古稀老人为何还笔耕不辍？对此，我总是以两位前辈为榜样。一位是上海国际问题研究院已故的老领导李储文，他曾在周恩来领导下在抗战时期就与包括国际问题研究者在内的中国高级知识分子交流、交友，在将近百岁住院治病期间仍上网阅读中英法三种文字的国际问题文章，并且结合中国外交进行评论。另一位是西北大学中东研究所的前所长彭树智，他今年已经 92 岁，但仍坚持每日撰写学术文章千字以上。说心里话，我真的希望能如他们两位那样健康长寿，但他们旺盛的求知欲望和工作热情更值得我学习。

这部论文集如果再过几年出版，在内容的数量和质量上可能还可以更好些。但因为某些客观原因又不得不"提前"了。最直接的原因是，本人年过古稀后，精力明显大不如前，特别是目疾加剧，阅读和写作大成问题，再三考虑，还是趁目前能正常工作时整理出版。若老天眷顾，过些年还能再版时，本人的努力和期待包括但不限于以下：

争取的最佳方案是，本人在前期和已有研究的基础上撰写而不是编辑同一主题的专著。本人需要使自己在建设自主知识体系方面的认识、研究和实践更上一层楼，以此为国家和学界作出应有的贡献。

可能实现的次佳方案是，这三本书虽以论文集的形式再版，但相关的成果应有明显的进步，其基础当然是逐步提高的站位、不断深化的思考、持之以恒的研究、国内国际的讨论、坚持不懈的写作，以此产生更多高质量的论文和有影响力的演讲得以在再版中增加，使之能够附于有影响的论文集之后，如美国教授詹姆斯·罗西瑙（James N. Rosenau）主编的《没有政府的治理》（*Governance Without Government*，1992 年版），又如中国和平崛起论的主要倡导者郑必坚先生的论文集《论中国和平崛起发展新道路》（中共中央党校出版社 2005 年版）。

万一的保底方案是，这三本书的出版能够引起中国学界的讨论和国际学界的关注，从而使再版成为需要。虽然本人由于可以预见或不可预见的原因而不能亲自修订再版，我的学生们既有意愿也有能力代我再版。总而言之，对于学者来说，"文章千古事，得失寸心知"，一代又一代的学子们为了知识、学问、理想和真理而需要不断努力。

杨洁勉

2023 年 11 月 30 日

图书在版编目(CIP)数据

自主知识体系建构及其途径：国际问题研究的思考
和探索 / 杨洁勉著. -- 上海 ：格致出版社 ：上海人民
出版社，2024. -- (国际展望丛书). -- ISBN 978-7
-5432-3619-6

Ⅰ. D815

中国国家版本馆 CIP 数据核字第 2024LA1467 号

责任编辑　顾悦　刘茹
封面设计　人马艺术设计·储平

国际展望丛书

自主知识体系建构及其途径:国际问题研究的思考和探索

杨洁勉　著

出　　版	格致出版社	
	上海人民出版社	
	(201101　上海市闵行区号景路159弄C座)	
发　　行	上海人民出版社发行中心	
印　　刷	上海商务联西印刷有限公司	
开　　本	720×1000　1/16	
印　　张	12.25	
插　　页	3	
字　　数	171,000	
版　　次	2024 年 10 月第 1 版	
印　　次	2024 年 10 月第 1 次印刷	

ISBN 978 - 7 - 5432 - 3619 - 6/D · 199

定　　价　62.00 元

《全球公域治理：价值向度与秩序构建》
郑英琴 著

《多边开发银行的演进及合作研究》
叶玉 著

《城市外交和城市联盟：上海全球城市建设路径研究》
于宏源 著

《当前欧亚移民治理研究》
强晓云 著

《美国气候外交研究》
于宏源 著

《中华民族伟大复兴进程中的"国家民族"建构研究》
叶江 著

《国家建构——聚合与崩溃》
［瑞士］安德烈亚斯·威默 著　叶江 译

《面向可持续发展的全球领导力——文化多样性研究》
［美］柯林·I.布拉德福德 著　薛磊　叶玉 译

《全球化新阶段与上海改革新征程》
王玉柱 著